I0028379

Nefissa Annabi-Elkadri

Spectre à Multirésolution pour le Traitement et l'Analyse de la Parole

Nefissa Annabi-Elkadri

Spectre à Multirésolution pour le Traitement et l'Analyse de la Parole

Etude Acoustique du Dialecte Tunisien

Presses Académiques Francophones

Impressum / Mentions légales

Bibliografische Information der Deutschen Nationalbibliothek: Die Deutsche Nationalbibliothek verzeichnet diese Publikation in der Deutschen Nationalbibliografie; detaillierte bibliografische Daten sind im Internet über http://dnb.d-nb.de abrufbar.

Alle in diesem Buch genannten Marken und Produktnamen unterliegen warenzeichen-, marken- oder patentrechtlichem Schutz bzw. sind Warenzeichen oder eingetragene Warenzeichen der jeweiligen Inhaber. Die Wiedergabe von Marken, Produktnamen, Gebrauchsnamen, Handelsnamen, Warenbezeichnungen u.s.w. in diesem Werk berechtigt auch ohne besondere Kennzeichnung nicht zu der Annahme, dass solche Namen im Sinne der Warenzeichen- und Markenschutzgesetzgebung als frei zu betrachten wären und daher von jedermann benutzt werden dürften.

Information bibliographique publiée par la Deutsche Nationalbibliothek: La Deutsche Nationalbibliothek inscrit cette publication à la Deutsche Nationalbibliografie; des données bibliographiques détaillées sont disponibles sur internet à l'adresse http://dnb.d-nb.de.

Toutes marques et noms de produits mentionnés dans ce livre demeurent sous la protection des marques, des marques déposées et des brevets, et sont des marques ou des marques déposées de leurs détenteurs respectifs. L'utilisation des marques, noms de produits, noms communs, noms commerciaux, descriptions de produits, etc, même sans qu'ils soient mentionnés de façon particulière dans ce livre ne signifie en aucune façon que ces noms peuvent être utilisés sans restriction à l'égard de la législation pour la protection des marques et des marques déposées et pourraient donc être utilisés par quiconque.

Coverbild / Photo de couverture: www.ingimage.com

Verlag / Editeur:
Presses Académiques Francophones
ist ein Imprint der / est une marque déposée de
OmniScriptum GmbH & Co. KG
Heinrich-Böcking-Str. 6-8, 66121 Saarbrücken, Deutschland / Allemagne
Email: info@presses-academiques.com

Herstellung: siehe letzte Seite /
Impression: voir la dernière page
ISBN: 978-3-8381-4088-9

Copyright / Droit d'auteur © 2014 OmniScriptum GmbH & Co. KG
Alle Rechte vorbehalten. / Tous droits réservés. Saarbrücken 2014

TABLE DES MATIÈRES

!

Liste des figures

Liste des tableaux

PRÉFACE

Le traitement de la parole est une discipline située au croisement du traitement du langage et du traitement du signal. Elle a suscité l'intérêt de la communauté scientifique et a connue une grande évolution depuis les années 60. Ceci est dû à la position privilégiée de la parole dans notre société humaine. Elle regroupe quatre axes de recherches qui sont la reconnaissance vocale englobant la reconnaissance de la parole et du locuteur, la synthèse vocale, le codage de la parole et l'analyse de la parole.

Ce travail relève de ce dernier axe à savoir l'analyse de la parole. Il s'agit d'un axe de recherche qui vise à mettre en évidence les caractéristiques du signal vocal. Il s'intègre au niveau de la production ou de la perception de la parole mais jamais au niveau de la compréhension qui est le rôle des systèmes de reconnaissance vocale. L'analyse de la parole permet de cibler des applications telle que le diagnostic médical (détection des pathologies du larynx) ou l'apprentissage et l'étude des langues.

L'analyse de la parole peut être explorée soit dans le domaine temporel, soit dans le domaine fréquentiel. Les caractéristiques du signal étant limitées dans le domaine temporel, il convient aussi d'explorer le signal vocal dans le domaine fréquentiel appelé aussi le domaine spectral. Prendre en considération l'information temporelle et fréquentielle s'avère une condition nécessaire pour étudier le signal vocal dans le domaine temps/fréquence.

Le spectrogramme est considéré comme étant un outil de visualisation et d'analyse de la parole dans le domaine temps/fréquence. Il constitue une passerelle entre l'ingénieur/informaticien et le linguiste/phonologue pour mettre en évidence les caractéristiques inhérentes au signal de la parole.

Les spectrogrammes classiques montrent l'intensité (ou l'énergie) du signal vocal en fonction du temps et de la fréquence. Le niveau de pression acoustique en décibel (dB) est approximativement proportionnelle au volume perçu par l'oreille. Un spectrogramme classique fournit un bon affichage du point de vue psycho-acoustique pour la parole, à condition que la longueur de la fenêtre soit comparable au temps d'intégration de l'oreille. Cette longueur est généralement choisie entre 10 ms et 20 ms. Le spectrogramme classique n'offre qu'un seul temps d'intégration qui est la longueur de la fenêtre. Il met en oeuvre un filtre passe-bande uniforme, autrement dit, les échantillons spectraux sont régulièrement espacés et correspondent à des bandes passantes égales.

La résolution du spectrogramme constitue un obstacle majeur pour les linguistes et les phonologues. Le choix de la longueur de la fenêtre à appliquer sur le signal pour le calcul du spectrogramme reste difficile à prendre. Plus la fenêtre est étroite, plus la résolution en temps est bonne et plus la résolution en fréquence est mauvaise. Ce qui implique que la résolution d'affichage des formants, des voisements et des bruits de frictions, dans les basses fréquences, est moins bonne que la résolution des explosions dans les hautes fréquences et inversement.

Dans ce travail, nous proposons une amélioration du spectrogramme classique en utilisant la notion de multirésolution, inspirée des ondelettes. Il s'agit d'étudier le signal avec des échelles différentes. Cela revient à utiliser une fenêtre appropriée pour chaque bande de fréquence (basse, moyenne et haute) du signal. Nous introduisons, aussi, une démarche pour la réalisation d'une analyse fine du signal vocal basée sur une pré-classification de trames extraites des spectrogrammes (classiques et à multirésolution). Nous proposons deux classifieurs pour cette analyseă : Le premier vise à identifier les zones de transitions des zones porteuses d'information . Le second classifieur est orienté pour la séparation d'un groupement de trames porteuses d'information en sonorants, constrictives et silences.

Cette pré-classification devra permettre une analyse plus fine sur les sons de type obstruction (sonorants et constrictives). En effet, les constrictives regroupent les occlusives et les fricatives dont les caractéristiques phonologiques sont communes et leurs identifications permet de restreindre l'ensemble des phonèmes à interpréter. Aussi, les sonorants rassemblent les voyelles et les consonnes sonantes qui sont caractérisées par des propriétés phonologiques similaires et dont la distinction devra permettre une analyse plus approfondie dans une phase ultérieure de l'interprétation du signal vocal.

Le premier classifieur, que nous avons introduit, permet la détection des zones de transitions (Annabi-Elkadri & Hamouda 2011c). Il s'appuit sur l'analyse du spectrogramme qui révèle un ensemble de caractéristiques permettant la localisation d'une transition. Cela peut se traduire par un différentiel d'énergies entre les trames dans le spectrogramme. Une trame représente le spectre à court terme d'un signal vocal. Il correspond à un vecteur évaluant l'intensité de l'énergie pour une série de fréquences. L'analyse d'une trame portera, donc, sur la présence d'énergie dans les zones de basses, moyennes et hautes fréquences. Chaque trame du spectrogramme est affectée à l'une des deux classes, zone de transition ou zone d'information.

Le deuxième classifieur, que nous avons introduit, permet de classer un groupement de trames porteuses d'information en trois catégories : les sonorants, les constrictives et les silences (Annabi-Elkadri & Hamouda 2011b). Cette classification permettra de réaliser une analyse plus fine dans les étapes ultérieures du processus d'interprétation. L'analyse du spectrogramme révèle une distribution de l'énergie qui est en corrélation avec la nature du phonème prononcé. En effet, la classe des sonorants est caractérisée, généralement, par la présence des formants dans les basses et moyennes fréquences. La classe des constrictives est caractérisée par la présence d'un bruit dans les moyennes et hautes fréquences. Des confusions entre ces deux classes demeurent une contrainte qui rend difficile de les départager. C'est le cas des constrictives voisées dont la barre de voisement est représentée par une bande d'énergie dans les basses fréquences et c'est aussi le cas des sonorants tels que le [R] dont la distribution d'énergie peut s'étendre jusqu'aux hautes fréquences. Les deux classifieurs que nous avons introduit, ont été testés sur 3 types de corpus. La diversification des corpus vise à étudier l'impact de la langue, les accents et les conditions d'enregistrement dans la qualité des résultats fournis. L'application des deux classifieurs permet de retrouver les sonorants sur lesquels nous avons réalisé une étude acoustique. Nous nous sommes particulièrement intéressés à l'étude des voyelles orales. Plusieurs travaux ont été orientés vers les voyelles afin de réaliser des études acoustiques, phonétiques, phonologiques ou articulatoires. Notre contribution réside dans une étude acoustique des voyelles basée sur une classification à priori des trames du signal vocal et accompagnée par un système d'extraction des formants basée sur la transformée de Radon. Au niveau applicatif, nous avons choisi le dialecte tunisien (DT). Nombreuses sont les études qui se sont intéressées aux dialectes, mais rares sont celles qui ont été menées sur le dialecte tunisien. Le dialecte tunisien est considéré, en littérature, comme étant une variante de la langue arabe littéraire (Gibson 1998). Afin de valider nos méthodes, nous avons réalisé des études comparatives sur plusieurs niveaux. Une première étude comparative a été réalisée au niveau acoustique des voyelles orales du DT (Annabi-Elkadri 2010, Annabi-Elkadri & Hamouda 2011a, Annabi-Elkadri et al. 2012). À notre connaissance, il n'existe aucune étude normative pour les valeurs des formants des voyelles en langue arabe et en dialecte tunisien avec laquelle on pourrait comparer nos résultats expérimentaux.

Pour certaines langues telles que l'anglais américain, on trouve l'étude normative de Peterson et Barney Peterson & Barney (1952), pour le suédois l'étude de Fant (1969) et pour le français l'étude de Calliope (1989). Afin d'évaluer l'influence du français sur le DT, nous avons comparé nos résultats expérimentaux avec ceux de Calliope (1989). Nous avons effectué aussi une deuxième étude comparative entre les résultats fournis par le logiciel Praat largement utilisé dans l'analyse de la parole et utilisant une technique classique d'extraction des formants LPC et notre méthode d'extraction des formants basée sur la TR (Naffakhi & Annabi-Elkadri 2011).

La troisième étude comparative réalisée, nous a permis d'étudier l'apport des spectrogrammes à multirésolution (MRS) par rapport aux autres techniques existantes. Le champ d'application a été essentiellement orienté vers la détection des zones de transition et la classification en sonorant/constrictive/silence. La partie applicative a été réalisée via notre système d'Analyse Visuelle de la Parole VASP dont les volets fonctionnels s'articulent essentiellement au niveau du calcul et de l'analyse spectrographique du signal vocal se basant sur notre approche MRS. VASP a été mis en oeuvre sous GUI Matlab. Ce manuscrit s'articule autour de cinq chapitres répartis comme suit :

Le chapitre 1 présente une étude approfondie d'un ensemble de représentations visuelles de la parole dans le domaine temps/fréquence.

Le chapitre 2 présente notre approche théorique pour le calcul du spectre à multirésolution et l'obtention du spectrogramme à multirésolution (MRS). Nous supposerons que l'énergie est concentrée au centre de chaque trame. Nous montrerons que dans le cas de la multirésolution, le choix du pas de recouvrement doit satisfaire le principe de la continuité de la MRS dans les différentes bandes de fréquences. Ce choix permettra de conserver les extrémités et les centres des trames pour simplifier et faciliter la localisation des centres d'énergies.

Dans le chapitre 3, nous présentons deux classifieurs : détection des zones de transitions et classification automatique de la parole. Le premier classifieur permet la détection automatique des zones de transition en utilisant le Interquantile Range (IQR) de chaque trame de la matrice du spectrogramme à multirésolution (MRS). Nous validons notre approche sur plusieurs corpus. Le deuxième classifieur permet la classification de la parole en trois classes Silence/Sonorant/Constrictive basée sur la MRS et sur la méthode d'Analyse de la Variance (ANOVA). Nous détectons automatiquement les différentes classes en appliquant les méthodes de statistiques classiques l'écart type et la moyenne et le test statistique Analyse de la Variance des écarts de chaque ensemble de trames des spectres à multi-résolution (MR FFT). Le corpus choisi pour cette étude est en français de Belgique prononcé par des locuteurs Belges.

Le chapitre 4 introduit une étude fine au niveau acoustique de la classe des sonorants. Cette étude se base sur la détection des formants en utilisant la méthode classique LPC. Nous proposons une amélioration pour la détection des formants en adoptant une méthode de traitement d'image qui est la Transformée de Radon (TR). Nous appliquons la TR sur la matrice du spectrogramme et nous validons notre méthode sur deux corpus. Une étude comparative avec les méthodes existantes est effectuée. Dans le chapitre 5, nous présentons notre étude comparative avec l'existant. Nous comparons notre approche de calcul de spectrogramme à multirésolution avec plusieurs méthodes existantes dans la littérature.

ÉTAT DE L'ART

"The quality, or "timbre" of the human voice, I believe, is due in a very minor degree to the vocal cords, and in a much greater degree to the shape of the passages through which the vibrating column of air is passed."

Alexander Graham Bell (Bell 1907, p.28)

1.1 Généralités sur la parole

La parole permet de véhiculer un flux continu d'informations, donnant au locuteur la possibilité de communiquer avec son interlocuteur. Ce flux est représenté sous forme d'un signal généralement échantillonné et non stationnaire, dont la statistique varie dans le temps, transportant une série d'événements à identifier (Rabiner 1990, Rabiner & Juang 1993, Mokbel & Chollet 2001). Cette approche exclut la compréhension qui a fait l'objet d'études plus proches de l'analyse du langage naturel (Zue 1976, Glass & Zue 1988, Ladefoged 1996). Le traitement de la parole est un domaine qui prend de plus en plus de l'importance. Ceci s'explique par la position privilégiée de la parole comme vecteur d'information dans notre société humaine.

En acoustique, la parole est considérée comme un phénomène physique qui consiste en une variation d'air causée et émise par le système articulatoire (fig. 1.1). Elle peut être soumise aux traitements statistiques du signal (fréquence, énergie, etc) (Boite et al. 2000).

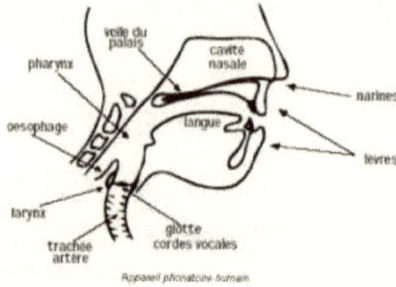

FIGURE 1.1 – *Système articulatoire (Dervault & Pinneterre 2011)*

Le niveau phonétique s'intéresse à la manière par laquelle la parole est formée. Cela veut dire, à l'étude du fonctionnement physique des organes qui la créent et qui la perçoivent (corde vocale, pharynx, tympan, oreille interne, etc) et au regroupement des sons de parole en classes phonétiques en fonction de leur mode articulatoire. Elle est créée soit par un signal impulsionnel résultant d'une vibration périodique des cordes vocales, soit par une turbulence (passage libre de l'air pendant la respiration) qui excite un conduit de forme variable dans le temps. Nous parlons respectivement de parole voisée et non voisée (Boite et al. 2000, Wellekens 2002). Le pitch ou encore la fréquence de voisement varie dans une fourchette de fréquences assez restreinte. Elle donne à la parole sa mélodie. Cela veut dire, personnaliser le message dans le sens qu'on peut faire la différence entre une voix robotique et celle d'un être humain. Le pitch est, par contre, différent selon qu'il s'agit de voix masculines, féminines ou d'enfants (sa fréquence croit dans cet ordre). Par contre le contenu du message est largement indépendant du pitch c'est à dire du genre du locuteur, de son état émotionnel, etc. La notion de phonème a été introduite au niveau phonologique. C'est la plus petite unité du discours identifiable de façon distincte. La différence entre phonèmes est porteuse de sens.

Ils ne sont pas définis sur le plan acoustique ou perceptuel mais bien sur le plan fonctionnel (Boite et al. 2000).

1.1.1 Production des sons

La production de la paroleăest une action volontaire et coordonnée d'un certain nombre de muscle du système articulatoire (Ladefoged 1996). Recevant en permanence des informations par rétroaction auditive, le système nerveux central autorise le déroulement de cette action sous son contrôle (Boite et al. 2000).

L'appareil respiratoire fournit l'énergie nécessaire à la production des sons, en poussant l'air à travers l'appareil phonatoire. L'appareil phonatoireăinclut le larynx, les cordes vocales, différentes cavités (la bouche, le pharynx, le nez et les sinus) et différents muscles ou mécanismes qui contrôlent la forme et l'occlusion de ces cavités (la langue, la mâchoire, la luette et les lèvres). La vibration des cordes vocales est due par le mouvement du flux d'air. Cette vibration se propage à travers la cavité pharyngienne, la cavité buccale et la cavité nasale (Calliope 1989). L'intensité du son émis est liée à la pression de l'air en amont du larynx, sa hauteur est fixée par la fréquence de vibration des cordes vocales, appelée fréquence fondamentale ou pitch. La fréquence fondamentale peut varier selon le genre (masculin ou féminin) et l'âge du locuteur (adulte ou enfant) (Boite et al. 2000). Selon la position des articulatoires (mâchoire, langue, palais, lèvre, bouche), des sons différents sont produits. Les sons voisés résultent d'une vibration périodique des cordes vocales et ce sont des signaux quasi périodiques (fig.1.2). Par contre les sons non voisés ne présentent pas de structure périodique (fig.1.3), ils sont considérés comme des bruits blancs filtrés par la transmittance de la partie du conduit vocal située entre la constriction (fig. 1.1) et les lèvres (Calliope 1989).

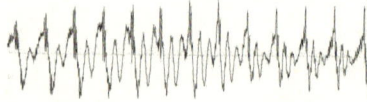

FIGURE 1.2 – *Oscillogramme d'un son voisé (la voyelle [a]), extrait du corpus enregistré dans le laboratoire LIPAH.*

FIGURE 1.3 – *Oscillogramme d'un son non voisé (l'occlusive [t]), extrait du corpus enregistré dans le laboratoire LIPAH.*

1.1.2 Description phonétique et phonologique de la parole

Au niveau phonétique, les sons de la parole peuvent être classés en trois catégories : les voyelles, les semi-voyelles et les consonnes. Chaque catégorie regroupe un ensemble de phonèmes, définie comme étant la plus petite unité fonctionnelle distinctive du système phonologique d'une langue. à chaque phonème est associé un symbole phonétique de l'Alphabet Phonétique International (API). Ces symboles permettent l'écriture compacte et universelle des prononciations (fig. 1.4).

1.1.2.1 Les voyelles

Les voyelles sont caractérisées par leur mode de production. Elles sont le résultat d'un libre passage de l'air dans les cavités buccales et/ou les cavités nasales. Ces cavités servent de résonateurs dont la forme et la contribution relative à l'écoulement de l'air influent sur la qualité du son obtenu. La plupart des voyelles utilisées dans les langues sont

THE INTERNATIONAL PHONETIC ALPHABET (revised to 2005)

CONSONANTS (PULMONIC) © 2005 IPA

	Bilabial	Labiodental	Dental	Alveolar	Postalveolar	Retroflex	Palatal	Velar	Uvular	Pharyngeal	Glottal
Plosive	p b			t d		ʈ ɖ	c ɟ	k g	q ɢ		ʔ
Nasal	m	ɱ		n		ɳ	ɲ	ŋ	ɴ		
Trill	ʙ			r					R		
Tap or Flap		ⱱ		ɾ		ɽ					
Fricative	ɸ β	f v	θ ð	s z	ʃ ʒ	ʂ ʐ	ç ʝ	x ɣ	χ ʁ	ħ ʕ	h ɦ
Lateral fricative				ɬ ɮ							
Approximant		ʋ		ɹ		ɻ	j	ɰ			
Lateral approximant				l		ɭ	ʎ	ʟ			

Where symbols appear in pairs, the one to the right represents a voiced consonant. Shaded areas denote articulations judged impossible.

VOWELS

	Front	Central	Back
Close	i • y	ɨ • ʉ	ɯ • u
	ɪ Y		ʊ
Close-mid	e • ø	ɘ • ɵ	ɤ • o
		ə	
Open-mid	ɛ • œ	ɜ • ɞ	ʌ • ɔ
	æ	ɐ	
Open	a • ɶ		ɑ • ɒ

Where symbols appear in pairs, the one to the right represents a rounded vowel.

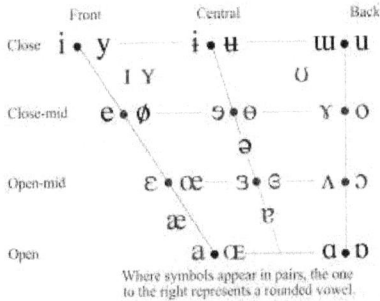

FIGURE 1.4 – *Symboles de l'Alphabet Phonétique International (API)*

prononcées avec une vibration des cordes vocales et donc considérées comme sonores. On distingue les voyelles orales et les voyelles nasales :

1. **Les voyelles orales** : Elles se prononcent avec le voile du palais relevé, ce qui ferme le passage nasal.

2. **Les voyelles nasales** : Elles se prononcent avec le voile du palais abaissé, ce qui laisse passer de l'air par la bouche et par le nez.

1.1.2.2 Les semi-voyelles

Les semi-voyelles, nommées aussi consonnes glissantes, enveloppent à la fois le timbre d'une voyelle et le frottement d'une consonne spirante

lors de leur pronociation. Leur fréquence d'emploi est liée à la vitesse
du débit de la parole, plus celui-ci est rapide, plus il y aura de semi-
voyelles. En langue française, il existe 3 semi-voyelles :
– [j] : miel, fille, abeille
– [w] : oui, oiseau
– [ɥ] : lui, nuage

1.1.2.3 Les consonnes

Les consonnes peuvent être classées selon différents critères (Calliope
1989) :
– Par le point d'articulation : on s'intéresse à l'organe phonologique
  mis en jeu lors de la production du son. La consonne porte le nom
  spécifiant cet organe : bilabiale, dentale, vélaire, etc.
– Par le type d'obstruction : Il s'agit de l'action qu'exécute l'organe
  phonologique. La consonne peut être occlusive, fricative, etc.
– Par la cavité de résonance : Celle-ci peut être la bouche, auquel cas
  la consonne sera orale, ou le nez, et la consonne sera nasale.
– Par le type d'écoulement : Si l'air circule par un canal central, la
  consonne est dite centrale. Si au contraire il circule sur les côtes, elle
  est dite latérale.
– Par le mécanisme à l'origine de l'écoulement : L'air peut provenir
  des poumons, et la consonne est pulmonique. D'autres mécanismes
  permettent la production d'un son sans requérir d'air pulmonaire :
  c'est le cas des clics, des injectives et des éjectives.
– Par le voisement : si les cordes vocales vibrent ou non pendant l'émission du son. Si elles vibrent, la consonne est dite voisée (ou sonore).
  Sinon, elle est non voisée (ou sourde).
– Par la durée d'émission de la consonne.
En phonétique articulatoire, le point d'articulation d'une consonne
est le point de contact où se produit une obstruction dans le conduit
vocal entre un geste articulatoire, un articulateur actif et un em-

placement passif. Avec le mode d'articulation et de la phonation, ce qui donne à la consonne sa sonorité distinctive (Ladefoged 1996, Ladefoged & Johnson 2010).
Les différentes classes des consonnes sont illustrées dans fig.1.5. La

CONSONNES	bi-labiale	labio-dentale	apico-dentale	apico-alvéolaire	pré-dorso-alvéolaire	pré-dorso-palatale	dorso-palatale	dorso-vélaire	uvulaire
occlusive sourde	p		t					k	
occlusive sonore	b		d					g	
nasale	m		n				ɲ	ŋ	
fricative sourde		f			s	ʃ			
fricative sonore		v			z	ʒ			ʁ
latérale sonore				l					

FIGURE 1.5 – *Classification des consonnes (Notations API) (Thibault 2012)*

figure 1.6 présente les endroits d'articulation des consonnes.

1. **Les occlusives** Baken & Orlikoff (2000) définit les occlusives comme étant des sons particuliers caractérisés par une période de tenue du flux d'air de durées variables. Durant cette période de tenue, aucun son n'est émi. Suite à cette tenue, une énergie acoustique est libérée et appelée explosion. L'analyse acoustique des consonnes occlusives prend en considération, généralement la durée du son, la durée de la tenue et de l'explosion (Baqué 2004). Il existe trois paramètres majeurs pour la discrimination des occlusives (Baken & Orlikoff 2000) :
   – Les caractéristiques de l'explosion (burst),
   – La nature des transitions formantiques avant et après la période de fermeture,
   – Le temps requis pour l'apparition de l'explosion après la période de fermeture.
   Les occlusives sont classées en voisées et non voisées. Quand une

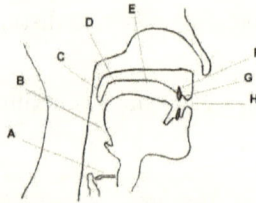

FIGURE 1.6 – *Lieux d'articulation des sons (Wikipedia 2011)*
Avec :

1. *A : consonnes glottales*
2. *B : consonnes pharyngales*
3. *C : consonnes uvulaires*
4. *D : consonnes vélaires*
5. *E : consonnes palatales*
6. *F : consonnes alvéolaires*
7. *G : consonnes dentales*
8. *H : consonnes labiales*

occlusive voisée est suivie par une voyelle, son évolution est la suivante (Fant 1959) :

– Silence momentané de l'occlusion ;
– Bruit du burst ; produit au lieu d'articulation de la consonne et est de durée très courte ;
– Bruit de friction produit à la constriction, le spectre est celui d'un bruit de bande forte ;
– Bruit d'écoulement glottique et le spectre est celui d'une bande sonore plus nette que la précédente, mais il peut temporairement coexister avec lui ;
– Vibration des cordes vocales, en raison de la voyelle qui suit l'articulation de la consonne et qui produit un spectre harmonique, l'intensité diminue régulièrement. Ce signal apparaît avec un retard du VOT (Voice Onset Time, délai de voisement après une occlusion) par rapport au burst variant de 10 à 30 ms pour

le français.

La production de l'occlusive non voisée s'effectue de la même façon que l'occlusive voisée, mais avec la vibration des cordes vocales. Le bruit d'écoulement glottal disparaît et les bruits de burst et les frictions sont réduites.

2. **Les fricatives**

Enăphonétique articulatoire, les consonnes fricatives appelées aussi constrictives ou spirantes sont le fruit d'un frottement produit par un rétrécissement des parois. Ces consonnes peuvent durer dans le temps. On les appelle aussi continues.

L'analyse acoustique prend en considération la durée de la friction, le Voice Onset Time ou Delai d'établissement du Voisement (VOT) (Abramson & Lisker 1965) et la durée du voisement dans les fricatives, ainsi que le nombre de barres d'explosion (Lisker & Abramson 1964, Abramson & Lisker 1965, Janus 2001, Blanc 2001, Soto Barba 1994).

On distingue les fricatives voisées dû au phénomène de voisement et les fricatives non voisées.

– les fricatives voisées subissent une double excitation, c'est-à-dire un mélange d'impulsions périodiques (du larynx) et de bruits au lieu de constriction ;

– la concentration énergétique se fait dans les mêmes régions pour les non voisées et les voisées, avec surimposition de l'énergie périodique de basse fréquence pour les voisées.

3. **Les sonantes**

Enăphonétique articulatoire, uneăsonanteăest uneăconsonne continueădont l'articulation ne fait pas intervenir d'écoulement turbulent qui peut se manifester, au niveau duăpoint d'articulation, par une friction audible. Les sonantes peuvent êtreăvocali-

séesăet devenir le sommet de laăsyllabe. En effet, leur production
implique une grande intensité énergétique par le fait qu'elles sont
le plus souventăvoisées. Les sonantes regroupent lesăspirantesăet
lesăvibrantes.

1.1.3   Description acoustico-phonétique de la parole

Sur le plan acoustico-phonétique, la parole est décrite selon ses caractéristiques physiques (fréquence, intensité, durée, etc.). Chaque classe de phonème se distingue par un ensemble de caractéristiques dans le domaine temps/fréquence (voir fig. 1.7). La description détaillée dans cette section a été réalisée sur le spectrogramme (voir chapitre 2).

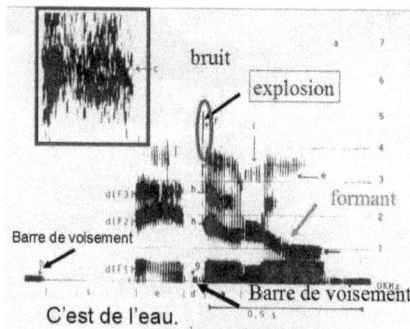

FIGURE 1.7 – *Description des phonèmes dans le domaine temps/fréquence de la phrase "c'est dans l'eau" (Calliope 1989)*

On peut distinguer les voyelles et les classer en fonction des valeurs de leurs deux premiers formants (Delattre 1951) comme le montre la figure 1.8. Les formants sont des pics sur l'enveloppe spectrale dûs aux vibrations des cordes vocales au passage de l'air. Ces vibrations produisent un ensemble d'harmoniques proches des fréquences de résonance du conduit vocal (Haton & al. 2006, Benade 1976, Dowd et al. 1998).

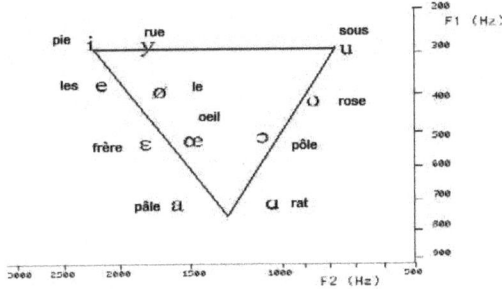

FIGURE 1.8 – *Classification des voyelles du français en fonction des deux premiers formants (Notations API)*

La figure 1.7 montre les zones de bruit de friction de la fricative [s] et de l'explosion de la consonne occlusive [d]. Le bruit de friction est intense et dure en fonction du temps. Les bruits de friction apparaissent dans les bandes de fréquences moyennes et hautes, soit supérieures à, environ, 4 KHz, selon la fricative en question. Le bruit d'explosion est de durée très brève et est très intense. Il apparait dans les bandes de fréquences supérieures à 3 KHz. Ces zones d'énergies sont précédées par un bref silence. Une barre de voisement peut apparaitre dans le cas des consonnes voisées comme pour le [d] dans l'exemple (Calliope 1989). Les formants caractérisants les voyelles [e], [ə] et [o], apparaissent sur le spectrogramme sous forme de bandes d'énergie noires. La mesure des formants se fait au centre de ces bandes noires. Les deux premiers formants F1 et F2 permettent une première classification en voyelle antérieure s'ils sont écartés et voyelle postérieure dans le cas contraire. Dans l'exemple, F1/F2 sont écartés, il s'agit de la voyelle antérieure [e] (Calliope 1989). La consonne [l] est considérée comme une consonne sonante, elle se positionne entre deux voyelles, d'où l'apparition de zone de transition formantique. Les sonantes sont difficiles à détecter, puisque leurs caractéristiques sont influençables par les phonèmes qui les entourent (Calliope 1989). Un apprentissage approfondie pour *lire* et analyser finement le spectrogramme a été effectuée. Pour cela plusieurs systèmes de parole ont été utilisés ; Praat [1] (Boersma & Weenink 2001; 2010)(annexe), Winsnoori et Goldwave. La figure 1.9 [2] illustre le spectrogramme et l'oscillogramme de l'occlusive [t].

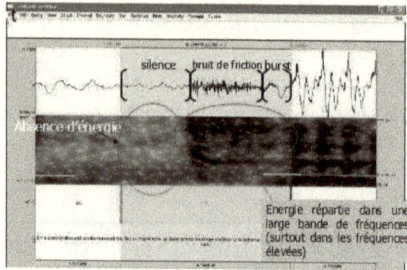

FIGURE 1.9 – *Extraction des caractéristiques de l'occlusive [t]*

La figure 1.10 illustre le spectrogramme et l'oscillogramme de l'occlusive [b] [3].

La table 1.1 montre une description acoustique des consonnes de la langue française du point de vue spectrographique. Cette description est le fruit d'un apprentissage de lecture des spectrogrammes réalisé auprès des spécialistes en phonétique et en acoustique.

La table 1.2 montre un exemple de l'analyse effectuée sur le spectrogramme et l'oscillogramme de l'occlusive [t] dans plusieurs contextes. C désigne une consonne et V désigne une voyelle.

---

1. http ://www.fon.hum.uva.nl/praat/
2. réalisé avec Praat
3. durée 112 ms et réalisé avec Goldwave

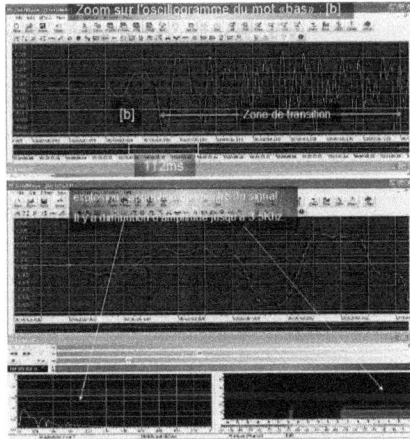

FIGURE 1.10 – *Extraction des caractéristiques de l'occlusive [b], oscillogramme (en haut) et spectrogramme (en bas). Extrait du mot "bas"*

1.1.4 Étude acoustico-phonétique de la parole

La phonétique acoustique est une partie de la linguistique. Elle permet de comprendre un signal vocal pour étudier sa nature physique. Ainsi que d'effectuer cette étude indépendamment des conditions de production et de réception du message vocal, c'est-à-dire indépendemment du locuteur, de son accent et de sa langue (Overmann 2010). Elle s'appuie sur le traitement de signal. Cet apport de la physique acoustique permet un classement fin des sons en fonction de leur hauteur, de leur intensité, de leur timbre et de leur durée (Zue et al. 1989, Johnson 1997). Ces notions peuvent être traduites en variables physiques; fréquence, amplitude de la vibration, audibilité des harmoniques et durée (Thieberger 2006). Ces variables physiques sont visualisées dans des représentations visuelles de la parole dans le domaine temps-fréquence (voir section 1.3). Plusieurs travaux de recherches ont été réalisés pour l'étude des phonèmes au niveau phonétique et acoustique (Meloni & Gilles 1991, Haton et al. 1990, Garofolo et al. 1993).

TABLE 1.1 – *Description des phonèmes de la langue française sur le spectrogramme*

Classe	Phonème	Description sur le spectrogramme
Occlusives sourdes	[p]	Silence + barre d'explosion dans basses fréquences. Burst faible et relâchement grave
	[t]	Silence + barre d'explosion dans hautes fréquences. Bruit strident qui ressemble à [s]
	[k]	Silence + barre d'explosion
Occlusives sonores	[b]	Silence + barre d'explosion dans basses fréquences + barre de voisement
	[d]	Silence + barre d'explosion dans les hautes fréquences + barre de voisement
	[g]	Silence + barre d'explosion + barre de voisement.
Fricatives sourdes	[f]	Bruit assez faible bien étendu
	[s]	Bruit très intense dans les hautes fréquences
	[S]	Bruit moyen jusqu'aux basses fréquences
Fricatives sonores	[v]	Bruit très faibleă+ barre de voisement
	[z]	Bruit très intense dans les hautes fréquencesă+ barre de voisement
	[Z]	Bruit moyen
Sonantes	[l]	Formants avec bruit dans les hautes fréquences
	[m]	Formants
	[n]	Formants ; F2 vers 1800
	[r]	Son très variables avec transitions particulières

Depuis le 19ème siècle, les voyelles ont suscité un grand intérêt pour la recherche scientifique (Teston 2006; 2008). Carmell et al. (1997) propose un système pour trouver le son prononcé en se basant sur les deux principes suivants : tous les phonèmes sont caractérisés par un spectrogramme unique et le spectrogramme est indépendant du locuteur, c'est à dire que chaque phonème est représenté de la même manière quelque soit la personne qui l'a prononcé (Carmell et al. 1997). Cette théorie a été démentie par plusieurs travaux de recherche qui montrent la grande variabilité inter- et intra-locuteurs (Carré & Hombert 2002, Rjaibi-Sabhi & Lhote 1994). Stokes (2001; 2009) a créé un système d'identification des voyelles basé sur l'analyse visuelle des oscillogrammes. Son système classe et identifie la voyelle prononcée en se basant sur les données de Peterson & Barney (1952). Il a effectué ses

TABLE 1.2 – *Extraction des caractéristiques de l'occlusive [t] dans plusieurs contextes de notre corpus VASP*

Mot	Type	Commentaires
Incontestablement	VCV	Le silence est très lisible sur le spectrogramme et est de longue durée. Sur l'oscillogramme par contre, le silence paraît de très courte durée, peu lisible. Le voisement de la voyelle nasale précédente "on" est apparent sur l'oscillogramme mais pas sur le spectrogramme (probablement à cause du filtrage effectué sur le spectrogramme). L'explosion a une forme particulière : Elle forme des bandes continues parallèles à l'axe des temps mais discontinues sur les fréquences (moyennes et hautes fréquences).
Incontestablement	CCV	Pratiquement la même forme d'explosion dans la même bande de fréquences et les mêmes remarques que le "t" précédent. La seule différence est que le silence est très apparent sur l'oscillogramme du fait que l'occlusive est précédée par une consonne fricative "s" (pas de voisement, bruit de friction).
c'est un	VCV	Le silence est très lisible sur l'oscillogramme et le spectrogramme. L'explosion est de très courte durée dans les moyennes fréquences et les très hautes fréquences. Elle est discontinue et a la même forme remarquable que les "t" précédents : Elle forme des bandes continues parallèles à l'axe des temps mais discontinues sur les fréquences (moyennes et hautes fréquences).

tests sur dix mots anglais prononcés par deux hommes et une femme aléatoirement. Il existe des voyelles que le système de Stokes (2001; 2009) n'est pas capable d'identifier. Dodane & Guilleminot (2002) ont mis au point une méthode permettant de délimiter les différents événements composant le noyau vocalique grâce à la détection de la phase de stabilité de timbre. Ils ont observé une très grande variabilité en comparant les mesures de fréquences des trois premiers formants pour les hommes, les femmes et les enfants des données de Peterson & Barney (1952). Cette variabilité intra- et inter-locuteurs est en grande partie éliminée si les voyelles sont caractérisées non plus en termes de fréquences absolues, mais en termes de rapports entre leurs formants. A partir des valeurs des fréquences des trois premiers formants mesurées en hertz, une conversion en huitièmes de tons a été effectuée. La différence entre les rapports des formants permet d'évaluer les variations relatives entre les valeurs des trois premiers formants (Dodane & Guilleminot 2003). Zerling (1992) a proposé une approche pour l'étude des voyelles en langues française et anglaise. Il s'agit de l'étude de la variation de la forme frontale des lèvres lors de la prononciation des voyelles (Magno-Caldognetto et al. 1992, Boyce 1990, Benguerel & Cowan 1974, Bell-Berti & Harris 1979; 1982). Cette approche n'entre pas dans le cadre de cet ouvrage. Fant (2004; 1959) a étudié l'évolution des spectres des occlusives. (Sussman et al. 1990; 1997) ont présenté une méthode basée sur les équations de locus pour la classification des occlusives (Sussman et al. 1990) et décrivent, d'un point de vue phonétique, les différents endroits d'articulation des occlusives en fonction de la syllabe en position initiale, médiane et finale (Sussman et al. 1997). La durée de la phase de fermeture et de l'éclatement, la durée de la friction, le Voice Onset Time (VOT) (Lisker & Abramson 1964, Kazemzadeh et al. 2006) et le nombre de burst (Lisker & Abramson 1964, Abramson & Lisker 1965, Soto Barba 1994) sont généralement pris en considération pour analyser acoustiquement une occlusive. Ridouane (2006) a présenté un apeçu sur les études effectuées sur les traits des mouvements laryngaux pour différents types d'occlusives dans plusieurs langues en utilisant les méthodes de fibroscopie et de photoélectroglottographie. Laprie & Bonneau (2002) ont proposé une méthode pour trouver l'explosion. Une décomposition des bruits des occlusives en trois segments, l'explosion, l'aspiration et le bruit de friction, a été effectuée. Les transitions formantiques sont souvent visibles dans le bruit de friction et dans l'aspiration ; Le bruit commence au relachement de l'articulation (à la fin de la tenue) et dans des séquences CV (C désigne une consonne et V une voyelle) se termine avec l'ère période vocalique. Le spectre de

TABLE 1.3 – *Durée du burst des occlusives en langues Indiennes (en ms)*
(Yegnanarayana et al. 2008)

Unvoiced	ka	ta	pa
Duration (ms)	32	23	12
Voiced	ga	da	ba
Duration (ms)	19	12	7

bruit change rapidement en fonction du temps ; Dans la plupart des
cas, il est plus discriminant dans sa partie initiale. Plus le spectre est
calculé près de la voyelle suivante, plus il est dominé par les formants
de cette voyelle. Laprie & Bonneau (2002) ont calculé les spectres de
Krull (Krull 1990) correspondant à des occlusives voisées à deux ins-
tants différents, afin d'évaluer les indices de lieu d'articulation des
occlusives juste après le relachement de l'articulation consonantique.
La segmentation du bruit étant très difficile à réaliser, seul un segment
de longueur fixe au début du bruit est généralement pris en compte ; 26
ms pour Blumstein & Stevens (1979), ou 10 à 15 ms pour Zue (1976).
Yegnanarayana et al. (2008) ont proposé des méthodes d'analyse non
spectrales des occlusives se basant sur les informations des sources
d'excitation dans le signal de parole. La table 1.3 présente la durée
des bursts des occlusives (en ms) dans les langues indiennes.

Ghosh & Narayanan (2009) caractérisent une occlusive incomplète par
une fermeture indiscernable ou un éclat manquant. Ils ont montré que
la durée de fermeture peut être utilisé comme une fonction permettant de classer les bursts incomplets dûs aux Stop-Stop Interaction
(SSI) et les bursts complets dans le corpus TIMIT avec, respectivement, 69.66% et 79.14% (estimation automatiquement de la précision temporelle) (Ghosh & Narayanan 2009). Malbos et al. (1994)
ont présenté une méthode basée sur la transformée en ondelettes
(Grossmann & Morlet 1984) pour la détection des occlusives dans le
français. Les fonctions de corrélation de l'ondelette gaussienne ont été
calculé. Malbos et al. (1994) font la remarque que *"Correlation func-*
tions have a minimum before each maximum, where that maximum is

synchronous with the burst of the stop consonant". Le taux de détection est de 94% pour les occlusives non voisées et de 75% pour les occlusives voisées. Zheng et al. (2004) ont proposé une méthode de classification des occlusives à partir des valeurs formantiques. Les formants sont estimés à partir du modèle LPC. Ce modèle est approché par MUSIC (Multiple Signal Classification) et ESPRIT (Estimation of Signal Parameters via Rotational Invariance Techniques). Une solution optimale des valeurs formantiques est trouvée en combinant les méthodes LS (Least Square), MUSIC et ESPRIT.

1.2   Représentations dans le domaine temporel

Le signal vocal est "*un signal réel, continu, d'énergie finie, non stationnaire*" (Calliope 1989, p.258). Son évolution temporelle est représentée par un *oscillogramme*. La figure 1.11 représente l'évolution temporelle de la phrase "Il y a incontestablement" prononcée par un locuteur Homme (extrait de notre corpus). Il existe une alternance entre les zones assez périodiques, appelées pseudo-périodique, et les zones bruitées. Elles représentent respectivement les zones voisées et les zones non voisées.

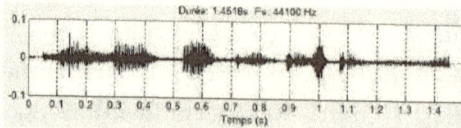

FIGURE 1.11 – *Oscillogramme de la phrase "Il y a incontestablement".*

L'oscillogramme représente la forme classique du signal de la parole dans le domaine temporelle. Il existe d'autres formes de représentations temporelles telle que les courbes d'amplitude, les courbes mélodiques (International 1997) et les mingogrammes (Cazade 1999).

1.2.1   Courbes d'amplitude

Les courbes d'amplitude sont définies comme la moyenne calculée à court terme de l'amplitude absolue d'un oscillogramme acoustique. La figure 1.12 présente un exemple de courbe d'amplitude réalisé avec le logiciel Wincecil (International 1997, Cazade 1999).

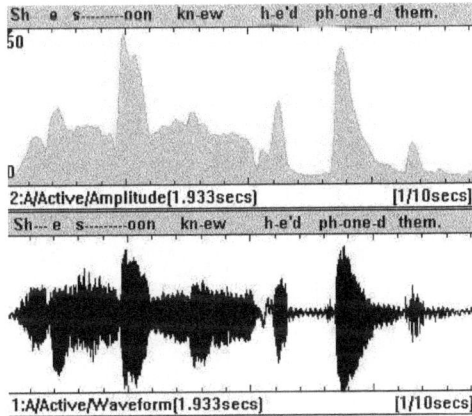

FIGURE 1.12 – *Courbe d'amplitude (en haut) et oscillogramme (en bas) affichés dans Wincecil (International 1997, Cazade 1999).*

1.2.2   Courbes mélodiques

Les courbes mélodiques, ou encore courbes fondamentales, affichent la progression dans le temps de la fréquence fondamentale, F0. F0 représente la fréquence des cordes vocales. Elle indique si le signal sonore entendu est aigu ou grave à un instant t. La figure 1.13 présente un exemple de courbe mélodique réalisé avec le logiciel Wincecil

(International 1997, Cazade 1999). Certains points de la courbe ne sont
pas affichés. Ceci est dû à l'absence de vibration des cordes vocales lors
de la prononciation des sons non voisés.

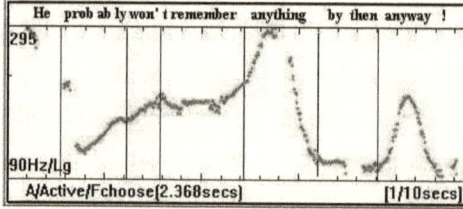

FIGURE 1.13 – *Courbe mélodique affichée dans Wincecil (International 1997, Cazade 1999).*

1.2.3   Mingogrammes

Les mingogrammes représentent la variation mélodique d'un énoncé
oral et l'amplitude des variations de la fréquence fondamentale. La
figure 1.14 présente un exemple de mingogramme (Cazade 1999).

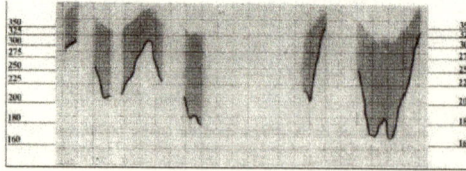

FIGURE 1.14 – *Un exemple de mingogramme, reproduit de Lillly R. & Viel M. (1993, p.53), correspondant à la phrase : I sent him a letter. - You didn't phone him ? (Cazade 1999).*

1.3 Représentations dans le domaine Temps-Fréquence

Dans le contexte de l'analyse spectrale, ces dernières années ont vu le développement d'un grand nombre d'approches prenant en compte le *temps* comme paramètre de description. Ceci conduit au concept de temps-fréquence et à ses représentations et/ou modélisations associées que nous appellerons dans la suite, *les représentations visuelles de la parole dans le domaine temps-fréquence* (Basseville et al. 1992, Mars et al. 2004, Piton 2003). Le choix de l'utilisation de l'une ou de plusieurs de ces représentations dépend généralement de l'application souhaitée (Basseville et al. 1992). Les méthodes de calculs de ces représentations visuelles peuvent être classées en plusieurs catégories. Une première classification, sépare les méthodes *classiques* de celles dites *modernes* (Kay 1988, Marple 1987). Une deuxième méthode de classification catégorise les méthodes de calcul de ces représentations en méthodes dérivées de la production, méthodes d'analyse du signal et méthodes modélisant la perception (d'Alessondro & Demars 1992). Flandrin (1990) a présenté une étude générale sur le développement des méthodes de représentations temps-fréquence en analyse et en traitement automatique de la parole. Il s'est intéressé aux représentations énergétiques non-paramétriques soit au spectrogramme et à la distribution de Wigner-Ville (Flandrin 1999), à la transformée en ondelettes et aux méthodes paramétriques. Basseville et al. (1992) proposent une troisième façon de classification : les méthodes inspirées de l'analyse de Fourier et les méthodes reposant sur une approche différente.

1.3.1   Les méthodes inspirées de l'analyse de Fourier

Dans cette catégorie, à part les spectrogrammes *classiques*, nous trouvons une combinaison des spectrogrammes en bande large et en bande étroite (Shin et al. 1997). Il s'agit de calculer la moyenne arithmétique et géométrique des deux spectres suivie d'une transformation non linéaire et d'un filtrage spatial. Nous citons aussi, la transformée en ondelettes continue (Flandrin 1990, Lasaulce 2010, Cnockaert 2008), qui sera développée dans la section 2.3 du chapitre 2, les cepstres d'ondelettes (il s'agit de cepstre à base d'ondelettes) (Basu & Maes 1998) et les spectres de Wigner-Ville (Demars 2005). D'autres méthodes existent, nous citons les travaux de (Demars 1991; 1992) qui présentent une nouvelle représentation visuelle "la lambdagramme" (voir fig.1.15). La lambdagramme est une représentation de type spectrographique dans le plan temps-fréquence instantanée. Ses travaux de 1991 et 1992 ont été repris en 2004. Cette forme de représentation temps-fréquence instantanée, permet la reconnaissance de mots isolés, l'extraction des caractéristiques des voyelles ce qui permet leurs classements, la segmentation de la parole continue en phonèmes et la reconnaissance phonétique. La fréquence instantanée permet la détection de la mélodie, la visualisation en temps réel des formants et l'effet de réverbération d'une salle. La représentation temps/dérivés de phase permet le codage adaptatif de la parole ainsi que la reconnaissance de la parole (Demars 2005). En reconnaissance de la parole, Hernando & Nadeu (1997) représentent le signal vocal par un ensemble de Séquences Temporelles de Paramètres Spectraux (TSSPs) qui modélisent l'évolution temporelle, trame par trame, de l'enveloppe spectrale. Une analyse fréquentielle (filtrage) est appliquée aux séquences temporelles de paramètres spectraux modélisant l'évolution temporelle trame par trame. L'analyse fournit des informations sur le filtrage TSSP (Hernando & Nadeu 1997). Baghai-Ravary et al. (1996) appliquent une transformée en cosi-

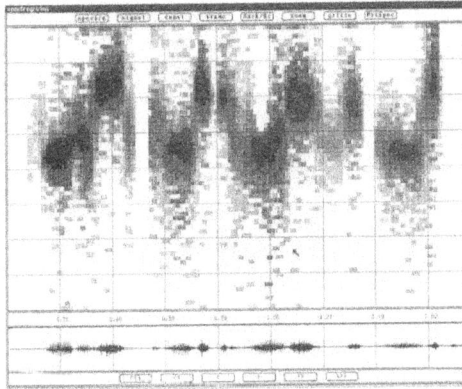

FIGURE 1.15 – *Lambdagramme de la phrase "What is the constellation" (Demars 1991).*

nus bidimensionnelle à des suites de spectres de la parole produites par la méthode du maximum de vraisemblance. L'intelligibilité du signal, ensuite reconstruit, est significativement supérieure à celui utilisant la technique LPC (fig.1.16). La Transformée de Cosinus Discrète (DCT) est une transformation de même nature que la transformée de Fourier, mais opérant en fonction des coordonnées X et Y du pixel. L'analyse du signal ne dépend plus du temps mais de la position du pixel sur l'écran. Elle décompose le signal selon une combinaison de fonctions trigonométriques, identifiables par leur fréquence et leur amplitude. Elle est utilisée essentiellement pour la compression des images et des sons (Puimatto 1994). Karnjanadecha & Zahorian (2001) proposent un codage du signal vocal par transformée de cosinus discrète de blocs de spectres (de transformée cosinus eux-mêmes) de fenêtres de longueurs variables et d'espacements variables. Ce codage est suivi d'une analyse discriminante linéaire dont les performances dépendent du Signal Noise Ratio (SNR) (Karnjanadecha & Zahorian 2001). Les résul-

Figure 1: Spectrum of a sentence taken from
TIMIT.

Figure 2: Reconstructed speech spectrum, original
shown in figure 1, after using 2-d DCT.

FIGURE 1.16 – *(en haut) Spectrogramme classique. (en bas) Spectrogramme reconstruit, calculé par la transformée en cosinus bidimensionnelle à des suites de spectres (Baghai-Ravary et al. 1996).*

tats, appliqués sur un corpus de mots isolés, sont un peu supérieurs aux meilleurs connus.

Le dendrogramme est une représentation visuelle dans le domaine temps-fréquence. Le dendrogramme permet la réalisation d'une classification théorique hiérarchique (Duda et al. 1975). Il a été appliqué à la parole dans le but de produire, à partir d'une représentation spectrale d'un réseau de pavage dans le plan temps-fréquence, une segmentation multi-niveau du signal étudié (Husson & Laprie 1996a;b, Glass & Zue 1988). Il a été aussi utilisé pour la classification des phonèmes (Berkling & Barnard 1994) et la représentation de la qualité de la voix associée à l'individualité du locuteur (il s'agit d'expériences de perception où on demande d'évaluer en termes d'épithètes des phrases prononcées par des hommes et des femmes) (Kido & Kasyua 1998). La méthode de réallocation spectrale (Auger et al. 1995, Flandrin 1999) est une représentation visuelle dans le domaine temps-fréquence (fig. 1.17) qui a été appliquée à la parole afin de faire le suivi de formant (Plante & Ainsworth 1995), d'améliorer la précision des spec-

trogrammes (Plante et al. 1998), la sélection des harmoniques en vue
de l'amélioration de l'intelligibilité (Yang et al. 1999), l'estimation du
fondamental par utilisation d'un spectre réassigné (Ainsworth et al.
1998) et la résolution des cartes de modulation d'amplitude pour des
voyelles synthétiques (Plante et al. 1997). Une utilisation d'une version simplifiée de la réallocation, concernant seulement le déplacement
en fréquence sur des voyelles de paroles réelles pour les cartes de modulation, montre une localisation plus précise des contours (Yang et al.
1998). Elle a été aussi appliquée pour l'estimation des fréquences ins-
tantanées des formants (Nelson 2001), l'estimation du fondamental de
la parole (Nelson 2002b) et la ségrégation des voyelles (Yang et al.
1999). Nelson (2002a) a présenté dans son travail l'exemple de la réallocation de STFT avec des dérivées partielles mixtes seuillées pour
formant et fondamental.

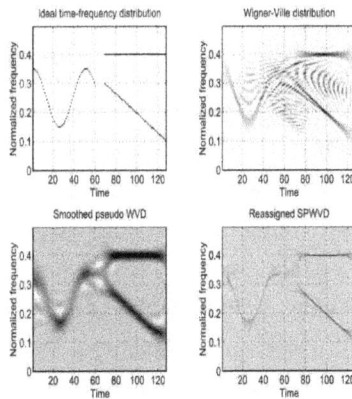

FIGURE 1.17 – *Distribution de Wigner-Ville (à gauche) et sa version réassignée (à droite) (Auger et al. 1995).*

1.3.2   Autres méthodes

Dans cette deuxième catégorie, nous citons, la méthode de Lagu-
nas (Ljung & Soderstrom 1985, Mehra 1971) qui consiste à filtrer en
bande étroite sous la contrainte de minimisation d'interférences dues
aux fréquences extérieures au filtre, les méthodes basées sur le modèle AR (Rao 1970) ou ARMA (Grenier 1986), les méthodes hybrides
(Dubesset et al. 1987). Les filtres Gammachirp (Irino & Patterson
1997; 2001) modélisent les filtres auditifs (Smith & Lewicki 2005b;a).
Ils se sont révélés très performants vis-à-vis de la qualité perceptive
du rehaussement de la parole. La transformée de Hough (TH) permet de détecter dans des images la présence de courbes paramétrées
appartenant à une famille connue à partir d'un ensemble de points sélectionnés appelés points caractéristiques. La TH utilise surtout l'information spatiale de ces points (position) et peut tenir compte de
l'information contenue dans le signal, de la luminance du point, en
parole l'énergie au point du plan temps-fréquence considéré. En traitement de la parole, on peut détecter les trajectoires des formants à
l'aide d'une variante de la TH, qui est une variante de la TH combina-
toire (Ben-Tzvi & Sandler 1990). L'algorithme est capable d'identifier
les trajectoires des formants linéaires ou exponentielles. La TH a été
aussi utilisée pour la reconnaissance de mots connectés bruités (Iwano
2002). L'analyse cepstrale est basée sur la théorie homomorphique,
développée par Oppenhein en 1965 (Bellanger 1998), permettant de
passer d'un système fortement non-linéaire à une modélisation mathématique linéaire par une série de transformations. Dans l'analyse
cepstrale, la transformée de Fourier est remplacée par une déconvo-
lution du signal de la parole. Le cepstrogramme est une représentation des coefficients cepstraux en fonction du temps (Rahim et al.
1997, Koval et al. 1997). Nous trouvons également dans la littérature
d'autres représentations telles que les représentations adaptatives, la
méthode de codage de Smith et Lewicki.D'autres formes de représenta-

tions visuelles comme la forme et l'apparence des lèvres peuvent être utilisées pour l'analyse et le traitement de parole. Nous citons, par exemple, (Daubias 2002) pour la reconnaissance automatique de la parole, (Cathiard et al. 2004) pour l'étude des glides comme segments existant à l'état latent à l'intérieur de transitions de voyelle à voyelle.

1.4 Applications de l'analyse visuelle de la parole

L'analyse visuelle du signal de la parole a été, jusqu'à aujourd'hui, considérée comme un moyen de base pour le développement et l'avancement de plusieurs domaines d'applications.

Appliquée en justice, l'empreinte vocale, représentée sous forme de patrons spectraux et autres informations obtenues grâce à l'analyse spectrographique a été considérée, longtemps, comme un moyen d'authentification des personnes par leur voix (Chaffcouloff 2004). Les résultats étaient controversés et plusieurs chercheurs (Boe et al. 1999, Bonastre et al. 2003; 2005) ont pris une position très ferme contre la validité de ce type d'information et ont démontré qu'il n'est pas possible de déterminer complètement si la ressemblance entre deux enregistrements est due au locuteur ou à d'autres facteurs et qu'il n'y a pas à ce jour de procédé scientifique qui permetterait de caractériser de manière unique la voix d'une personne ou d'identifier avec une certitude absolue un individu à partir de sa voix.

Dans le domaine de l'enseignement, l'analyse visuelle a été couronnée de succès. Cazade (1999) a travaillé sur un système d'apprentissage de seconde langue *Wincecil* (1997). Ce système se base sur plusieurs supports graphiques : les oscillogrammes, les courbes d'amplitude, les courbes mélodiques (affichent la progression dans le temps de la fréquence fondamentale), les spectrogrammes, les mingogrammes. Caillaud (1995) a démontré l'importance des sonagrammes pour l'ap-

prentissage des langues étrangères aux adultes. Il a effectué des expériences, dans le cas d'apprenants indonésiens, dans le cadre d'un
travail d'auto-corréction phonétique. Il a aussi travaillé sur l'accen-
tuation, soit l'augmentation de la durée et sur la courbe mélodique,
soit l'intonation montante ou descendante c'est-à-dire variation de la
fréquence fondamentale. Caillaud & Leriche (1999) ont montré le rôle
important de l'analyse sonagraphique dans l'enseignement de la physique et de la musique pour les élèves. Elle permet d'introduire d'une
façon naturelle la notion de spectre fréquentiel aux élèves. Ils se sont
basés sur le logiciel "Soundscope". Aubry (2004) a réalisé un logiciel
de traitement de la parole pour l'apprentissage et l'enseignement de
la prosodie de la langue bretonne ; ce logiciel est capable d'effectuer
l'analyse spectrale, la synthèse et la segmentation automatique de la
parole.

L'analyse visuelle s'applique aussi dans le domaine de l'analyse de la
parole pathologique. Styger et al. (1994) ont démontré une déficience
dans les algorithmes fondamentaux d'analyse en parole pathologique.
Ils se sont basés sur une analyse temporelle du signal. Selon un certain
nombre de critères établis, une segmentation primaire a été effectuée.
Quatre algorithmes de segmentation ont été présentés ; segmentation
Silence/Parole, Fricatif/Non fricatif, Voisé/Non-voisé et la mesure de
la fréquence fondamentale.

1.5   Conclusion

Dans ce chapitre, nous avons présenté les concepts de la production
du signal vocal. Nous avons décrit les caractéristiques phonétiques et
phonologiques des sons de la parole et des représentations existantes
dans le domaine temporel et le domaine temps/fréquence. L'étude effectuée sur les applications existantes en matière d'analyse de la parole,
révèle que les représentations tempo-fréquentielles offrent un support

de données pertinentes, plus riche que les représentations temporelles. Deux classes de représentations temps/fréquence se distinguent, selon qu'elles se basent ou non sur l'analyse de Fourier. Les représentations temps/fréquence basées sur l'analyse de Fourier tirent profit des techniques existantes telles que les spectres à court terme et les ondelettes. Dans le chapitre suivant, nous présentons les spectres classiques, leurs limites à s'accomoder avec les faibles et les autes fréquences et nous introduisons notre approche de calcul des spectres à multirésolution inspirée des ondelettes. Nous allons nous intéressé aux méthodes de la première classe sont, généralement, plus retenues étant donné la richesse de l'information.

Spectre à multirésolution

"it is difficult to analyze the information content of an image directly from the gray-level intensity of the image pixels... Generally, the structures we want to recognize have very different sizes. Hence, it is not possible to define a priori un optimal resolution for analyzing images."

Stéphane Mallat (Mallat 1989)

Le spectrogramme est considéré comme étant un outil de visualisation et d'analyse de la parole, intéressant à exploiter. Il constitue une passerelle entre l'ingénieur/l'informaticien et le linguiste/le phonologue.

La résolution du spectrogramme constitue un obstacle majeur pour les linguistes et les phonologues. Le choix de la longueur de la fenêtre à appliquer sur le signal pour le calcul du spectrogramme reste difficile à prendre. Plus la fenêtre est étroite, plus la résolution en temps est bonne et plus la résolution en fréquence est mauvaise. Ce qui implique que la résolution d'affichage des formants, des voisements et des bruits de frictions, dans les basses fréquences est moins bonne que la résolution des explosions dans les hautes fréquences et inversement.

Nous proposons, donc, une amélioration du spectrogramme en utilisant la notion de multirésolution, inspirée des ondelettes.

2.1 Transformation dans le domaine Temps-Fréquence

2.1.1 La Transformée de Fourier

La transformée de Fourier X est une opération mathématique qui transforme une fonction intégrable sur $\Re$ en une autre fonction, décrivant le spectre fréquentiel de cette dernière (Calliope 1989, Blumstein & Stevens 1979, Stevens & House 1955, Ladefoged 1996). Si x est une fonction intégrable sur $\Re$, sa transformée de Fourier X est donnée par la formule 2.1 :

$$X(f) = \int_{-\infty}^{+\infty} x(t)e^{-2i\pi ft}dt \tag{2.1}$$

avec t indiquant le temps en secondes et f indiquant la fréquence en Hz.

Cette formulation est utilisée dans le cas du traitement des signaux analogiques. On l'appelle aussi Transformée de Fourier Continue. Dans le cas des signaux échantillonnées, on utilise la Transformée de Fourier Discrète (TFD) (cf. section 2.1.2).

2.1.2 La Transformée de Fourier Discrète (TFD)

2.1.2.1 Formules

La TFD (Discrete Fourier Transform (DFT)) représente l'équivalent discret de la Transformée de Fourier Continue. La TFD du signal X de N échantillons est mathématiquement définie par les deux relations directe 2.2 et inverse 2.3 :

$$X_n = \sum_{k=0}^{N-1} x_k e^{-\frac{2i\pi kn}{N}} \tag{2.2}$$

$$x_k = \frac{1}{N} \sum_{n=0}^{N-1} X_n e^{\frac{2i\pi kn}{N}} \qquad (2.3)$$

2.1.2.2 Coût de l'algorithme de la TFD

Les composants x_k et $e^{-\frac{2i\pi kn}{N}}$ de l'équation 2.2 sont des nombres de type complexes. Les deux opérations effectuées sont la multiplication et l'addition. Il faut N^2 multiplications de nombres de type complexe et $(N-1)^2$ additions de nombres de type complexe (en tenant compte du cas $k = 0 \Rightarrow e^{-\frac{2i\pi kn}{N}} = 1$). L'application directe de la TFD est très coûteuse en opérations mathématiques et donc en temps de calcul (Ladefoged 1996).

Nous présentons dans la section 2.1.3, la Transformée de Fourier Rapide (FFT pour Fast Fourier Transform) qui est un algorithme de calcul plus rapide que la TFD.

2.1.3   La transformée de Fourier Rapide

2.1.3.1 Algorithme

L'algorithme de Danielson-Lanczos montre qu'une TFD d'ordre N peut se calculer à partir de deux transformées d'ordres $N/2$. L'idée est de séparer les échantillons de rang pair et de rang impair en deux séries (eq. 2.4) :

$$X_n = \sum_{k=0}^{N-1} x_k e^{-\frac{2i\pi kn}{N}} = \sum_{\alpha=0}^{\frac{N-1}{2}-1} x_{2\alpha} e^{-\frac{2i\pi n\alpha}{\frac{N}{2}}} + e^{-\frac{2i\pi n}{N}} \sum_{\alpha=0}^{\frac{N-1}{2}-1} x_{2\alpha+1} e^{-\frac{2i\pi n\alpha}{\frac{N}{2}}} \,(2.4)$$

On pose :

$$X_n^p = \sum_{\alpha=0}^{\frac{N-1}{2}} x_{2\alpha} e^{-\frac{2i\pi n\alpha}{\frac{N}{2}}} \qquad (2.5)$$

et

$$X_n^i = \sum_{\alpha=0}^{\frac{N}{2}-1} x_{2\alpha+1} e^{-\frac{2i\pi n\alpha}{\frac{N}{2}}} \tag{2.6}$$

X_n^p représente la TFD d'ordre $\frac{N}{2}$ des échantillons de rang pair (d'où l'utilisation du symbole p).
X_n^i représente la TFD d'ordre $\frac{N}{2}$ des échantillons de rang impair (d'où l'utilisation du symbole i).
L'équation 2.4 s'écrit :

$$X_n = X_n^p + e^{-\frac{2i\pi n}{N}} X_n^i \tag{2.7}$$

En itérant et en appliquant la même idée de base pour la décomposition de chaque terme en deux échantillons de rang pair et impair, on arrive à des transformées simples de rang 2.

2.1.3.2 Coût de l'algorithme de la FFT

Le coût de l'algorithme de la FFT est de $N\log_2(N)$ additions et $\frac{N}{2}(\log_2(N)-1)$ multiplications (Cooley & Tukey 1965).

2.1.4 La transformée de Fourier pondérée

Le signal de la parole est non stationnaire. Pour appliquer la transformée de Fourier, il faut pouvoir le considérer comme étant stationnaire. Pour cela, on l'échantillonne en lui appliquant une fenêtre suffisamment étroite (entre 10 ms et 20 ms) (Calliope 1989, Ladefoged 1996). La formule de la transformée de Fourier discrète pondérée avec une fenêtre (Lasaulce 2010) s'écrit comme suit :

$$S(f,\tau) = \sum_{k=0}^{N-1} s_k(t) e^{-2i\pi ft} w(t-\tau) \tag{2.8}$$

Avec :

s le signal temporel,

f la fréquence en Hz,

t le temps en secondes,

$w(t)$ la fonction fenêtre,

τ la longueur de la fenêtre,

$S(f, \tau)$ la transformée de Fourier fenêtrée de s. Elle représente le spectre à court terme.

2.1.5 Choix de la fonction fenêtre

La fonction fenêtre est aussi nommée fonction fenêtre d'observation ou encore fenêtre de pondération. Le fenêtrage s'applique sur un signal $s(t)$ de durée finie c'est-à-dire limitée dans le temps. En traitement de la parole, cette durée ne doit pas dépasser les 20 ms (Calliope 1989, Ladefoged 1996) afin de pouvoir le considérer comme stationnaire.

La fenêtre la plus connue est la fenêtre *rectangulaire* (eq. 2.9) :

$$w(t) = \begin{cases} 1 & \text{si } t \in [0, T] \\ 0 & \text{sinon} \end{cases} \tag{2.9}$$

Étudier le signal $s(t)$ sur une durée finie, revient à étudier *le signal tronqué* : $s_k(t) = s(t)w(t)$.

En passant dans le domaine fréquentiel via une FFT, on obtient le produit de convolution $X_k(f) = S(f) * W(f)$, où W(f) est la FFT de la fenêtre w.

D'autres fenêtres sont aussi utilisées en traitement de la parole :

– Fenêtre de Barlett ou triangulaire (cf. fig 2.1) :

$$w(t) = \begin{cases} 0.5 - 0.5 \cos 2\pi \frac{t}{T} & \text{si } t \in [0, T] \\ 0 & \text{sinon} \end{cases} \tag{2.10}$$

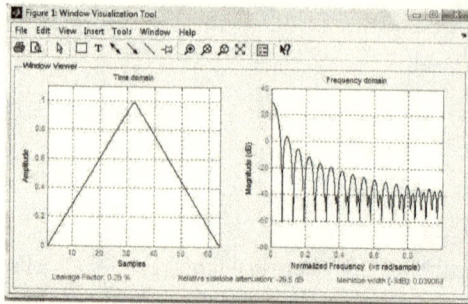

FIGURE 2.1 – *Fonction fenêtre triangulaire ou encore nommée fenêtre de Barlett de longueur 64 échantillons.*

– Fenêtre de Hann (cf. fig 2.2) :

$$w(t) = \begin{cases} 0.54 - 0.46 \cos 2\pi \frac{t}{T} & \text{si } t \in [0, T] \\ 0 & \text{sinon} \end{cases} \tag{2.11}$$

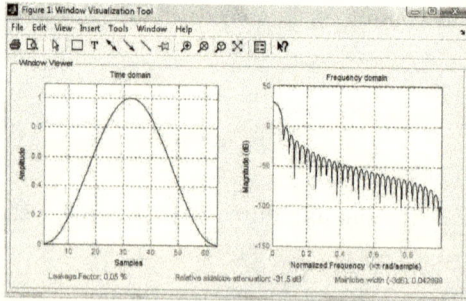

FIGURE 2.2 – *Fonction fenêtre Hann de longueur 64 échantillons.*

– Fenêtre de Hamming (cf. fig 2.3) :

$$w(t) = \begin{cases} 0.42 - 0.5 \cos 2\pi \frac{t}{T} + 0.08 \cos 4\pi \frac{t}{T} & \text{si } t \in [0, T] \\ 0 & \text{sinon} \end{cases} \tag{2.12}$$

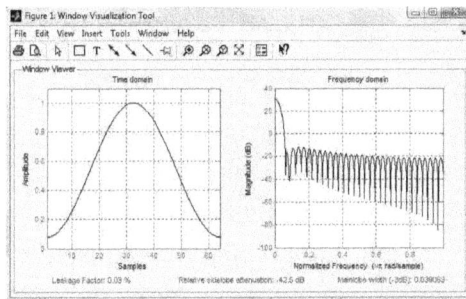

FIGURE 2.3 – *Fonction fenêtre Hamming de longueur 64 échantillons.*

2.1.6 Spectre à court terme

Le spectre (fig. 2.4) est un outil bien connu et très répandu. Pour une sinusoïde infinie, toute l'énergie du spectre est concentrée en une fréquence donnée, c'est à dire la fréquence de la sinusoide.

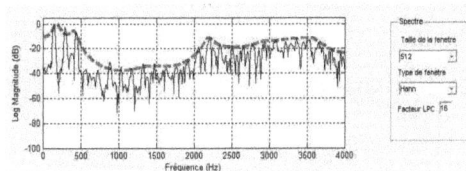

FIGURE 2.4 – *(en bleu) Spectre à court terme, fenêtre de Hann de taille 512, (en rouge) Courbe LPC, facteur=16.*

2.1.7 Théorème de Nyquist-Shannon

Le théorème de Nyquist-Shannon, nommé d'après Harry Nyquist et Claude Shannon, énonce que la fréquence d'échantillonnage d'un signal doit être égale ou supérieure au double de la fréquence maximale contenue dans ce signal, afin de convertir ce signal d'une forme continue en une forme discrète (discontinue dans le temps). Ce théorème est à la base de la conversion analogique-numérique des signaux.

2.2   Spectrogramme Classique

Une transformation du domaine temporel vers le domaine spectral
s'avère nécessaire pour la réalisation de l'analyse spectrale. Le signal
de parole est supposé stationnaire sur un intervalle de durée inférieure
à 20 ms, au delà de cette durée il devient non stationnaire. Ceci explique l'étape d'échantillonnage obligatoire du signal avec une fenêtre
telle que Hamming ou Hanning. Pour passer au domaine fréquentiel,
il existe plusieurs transformations possibles. Dans ce travail, nous appliquons la transformée de Fourier sur chaque trame. Soit s un signal
de parole de longueur L. Nous souhaitons calculer le spectre à court
terme et le spectrogramme de s en nous basant sur le principe de la
FFT. Étant donné que s est non stationnaire, une première étape avant
d'appliquer la FFT, s'avère primordiale. Il s'agit de l'échantillonnage
et du fenêtrage de s. La figure 2.5 présente le principe général du calcul
du spectre à court terme et du spectrogramme.

2.2.1   Échantillonnage et Fenêtrage

Pour appliquer la transformée de Fourier, il faut pouvoir considérer
le signal comme stationnaire. Pour cela, on l'échantillonne en lui appliquant une fenêtre suffisamment étroite (Calliope 1989, Ladefoged
1996).

2.2.1.1 Choix de la fenêtre

Dans ce travail, nous avons choisi la fenêtre de Hamming (fig. 2.3)
présentée par l'équation 2.12.

2.2.1.2 Échantillonnage et Fenêtrage

Soit w une fenêtre de longueur N. On pondère chaque trame $s(p)$ de
longueur N avec la fenêtre w. En littérature, le pas de recouvrement

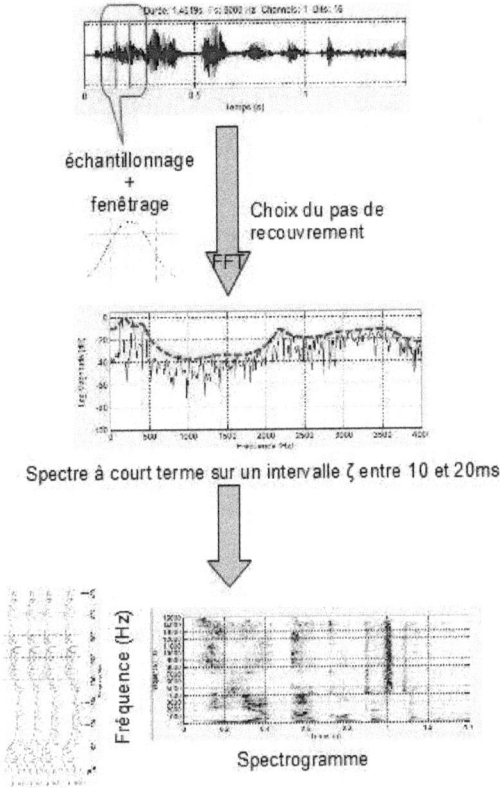

FIGURE 2.5 – *Principe général du calcul du spectre à court terme et du spectrogramme.*

est généralement fixé à $pas = 50\%$ (Calliope 1989). Ceci revient à rechercher le centre C_p de chaque trame de rayon $N/2$ (fig.2.6). Ainsi, l'énergie est concentrée en ce point C_p (Haton & al. 2006, p.41).

2.2.1.3 Calcul du centre de la trame

Supposons que, pour une trame numéro p pondérée par une fenêtre w, le nombre d'échantillons est $N = 512$ et le pas de recouvrement est

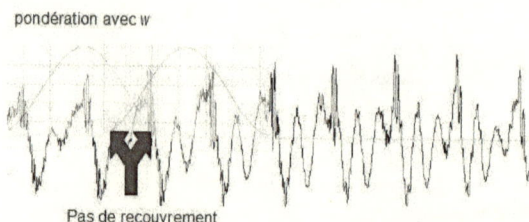

FIGURE 2.6 – *Principe de la recherche du centre C_p de chaque trame de rayon $N/2$.*

$pas = 50\%$. La figure 2.7 illustre le principe de l'échantillonnage et du fenêtrage d'un oscillogramme par la recherche des centres de chaque trame.

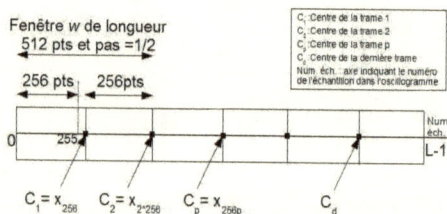

FIGURE 2.7 – *Échantillonnage et fenêtrage d'un oscillogramme par la recherche des centres de chaque trame.*

Le centre $C_p = x_{256p}$ avec $p = 1...N_{f1}$ avec N_{f1} = partie entière$(\frac{L-1}{256} - 1)$. Pour la trame p, on a 512 points. La composante numéro l de s s'écrit :

$$s_l(p) = x_{256(p-1)+l} \quad l \in [0...511]$$

2.2.2 Calcul de la FFT fenêtrée

Pour $N = 512$, la FFT fenêtrée de la trame numéro p s'écrit :

$$S_k(p) = \sum_{l=0}^{511} s_l(p) e^{-\frac{2j\pi kl}{512}} w(s_l(p) - s_{256}(p)) \qquad (2.13)$$

Dans un cas plus général (Lasaulce 2010) :

$$S_k(p) = \sum_{l=0}^{N-1} s_l(p) e^{-\frac{2j\pi kl}{N}} w(s_l(p) - s_{\frac{N}{2}}(p)) \qquad (2.14)$$

On note $C_p = s_{\frac{N}{2}}(p)$ le centre de la trame p avec $p = 1...N_{f2}$ avec $N_{f2} = $ partie entière$(\frac{2(L-1)}{N} - 1)$.

– $s_l(p)$: la composante de l'oscillogramme s numéro l de la trame p
– $S_k(p)$: la composante du spectre à court terme S numéro k de la trame p
– L : longueur du signal s
– N : longueur de la fenêtre w

2.2.3 Limitations des spectrogrammes classiques

Les spectrogrammes (ou sonagrammes) classiques montrent généralement l'intensité (dB) en fonction du temps et de la fréquence. Le niveau de pression acoustique en dB est approximativement proportionnel au volume perçu par l'oreille (à des fréquences élevées). Un sonagramme classique fournit un bon affichage du point de vue psycho-acoustique pour la parole, à condition que la longueur de la fenêtre soit comparable au temps d'intégration de l'oreille. Cette longueur est généralement choisie entre 10 ms et 20 ms. Le sonagramme classique n'offre qu'un seul temps d'intégration qui est la longueur de la fenêtre. Il met en oeuvre un filtre passe-bande uniforme, autrement dit, les échantillons spectraux sont régulièrement espacées et correspondent à des bandes passantes égales. Le choix de la longueur de la fenêtre détermine la résolution commune en temps-fréquence pour toutes les fréquences du sonagramme. Plus la fenêtre est étroite, plus la résolution en temps est bonne et plus la résolution en fréquence est mauvaise. Ce qui implique que la résolution d'affichage des formants, des voisements et des bruits de frictions, dans les basses fréquences est moins bonne que la résolution des explosions dans les hautes fréquences et inversement. Il faut donc faire le bon choix de fenêtrage par rapport à l'allure du signal. Le fondamental produit de nombreux lobes qui perturbent la lecture du sonagramme (Calliope 1989, p.268), en particulier la position des formants. Afin de s'en affranchir, plusieurs types de lissage sont possibles. La pondération de chaque trame spectrale par une fenêtre telle que la fenêtre de Hamming, de Hanning, de Kaiser ou de Bartlett, a un effet adoucissant sur le signal. La pondération par des fenêtres triangulaires présente l'avantage de réduire le nombre d'informations en vue d'une éventuelle reconnaissance sur le spectrogramme. La taille de la fenêtre idéale (Boite et al. 2000) est égale à deux fois la période du pitch du signal. Une fenêtre plus large fait apparaître des harmoniques dans le spectre ; une fenêtre plus courte n'approxime que très grossièrement l'enveloppe spectrale.

En s'inspirant du principe d'ondelettes, nous avons adopté l'idée de la multirésolution pour améliorer les spectrogrammes classiques.

2.3 La transformée en ondelettes continue

2.3.1 Définition

Le principe de la transformée des ondelettes continue (Fu & Wan 2003) est le même que celui de la transformée de fourier. La différence majeure réside dans la largeur de la fenêtre (dans notre cas une ondelette mère) qui est variable. Ceci permet d'obtenir plus de précisions dans les résultats en fonction du type de fréquences (hautes ou basses) (Manikandan 2006, Mallat 2008; 2000). L'équation 2.15 présente la formule d'une ondelette mère. C'est une fonction de fenêtrage qui possède 2 coefficients.

$$CWT_\chi^\psi(\tau, s) = \Psi_\chi^\psi(\tau, s) = \frac{1}{\sqrt{|s|}} \int \chi(t) \Psi^* \frac{t - \tau}{s} dt \qquad (2.15)$$

Avec :

$\Psi(t)$ = ondelette mère

s = échelle (coefficient de dilatation de l'ondelette) = $1/f$

τ = coefficient de translation (déplacement de la fenêtre le long du signal) Elle permet de récupérer l'information de temps en fonction de la position de la fenêtre sur le signal comme pour la transformée de fourier. En faisant varier les deux arguments s et τ, on peut couvrir complètement le plan temps-fréquence avec des boîtes, on obtient ainsi une représentation complète et redondante du signal à analyser. Le coefficient d'échelle s permet d'obtenir des versions différentes de fenêtres (dilatées fig. 2.8 ou compressées fig. 2.9) à partir d'une même ondelette mère.

2.3.2 Exemple de la transformée en ondelettes continue

En 1983, Morlet utilise la transformée de Fourier à fenêtre glissante pour l'analyse des signaux sismiques. La fenêtre glissante est une fenêtre dont la longueur est dilatée ou contractée. Ce fût la naissance de l'idée des ondelettes. La figure 2.8 représente une ondelette de Morlet dilatée et la figure 2.9 représente une ondelette de Morlet compressée. L'équation 2.16 formalise mathématiquement l'ondelette de Morlet.

$$\Psi(x) = e^{-x^2/2} cos(5x) \qquad (2.16)$$

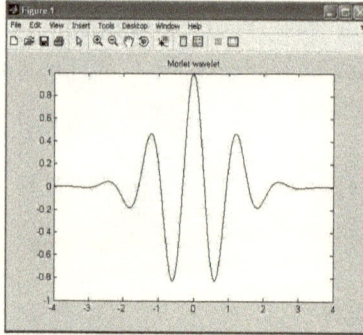

FIGURE 2.8 – *Ondelette de Morlet dilatée*

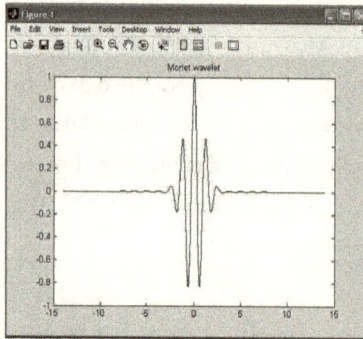

FIGURE 2.9 – *Ondelette de Morlet compressée*

2.3.3 Notion de la multirésolution

L'avantage qu'offre la transformée en ondelette est la multirésolution.
Il s'agit d'étudier le signal avec des échelles différentes. Cela revient à
utiliser une fenêtre appropriée pour chaque fréquence du signal basses
fréquences et hautes fréquences (fig. 2.10) ;
– Pour une fenêtre étroite dans les hautes fréquences, nous avons une
bonne résolution temporelle et une mauvaise résolution en fréquence.

– Pour une fenêtre large dans les basses fréquences, nous avons une bonne résolution en fréquence mais une résolution temporelle médiocre.

Le schéma 2.10 visualise le principe de la transformée en ondelette continue en multirésolution. La transformée en ondelette continue

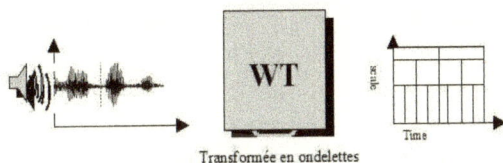

FIGURE 2.10 – *Principe de la multirésolution pour les ondelettes*

donne naissance à une représentation visuelle appelée scalogramme (Leman & Marque 1998) (fig. 2.11).

La figure 2.12 visualise la différence entre la transformée de fourier

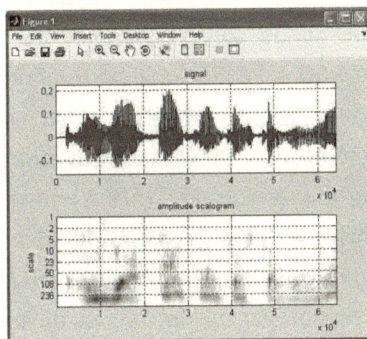

FIGURE 2.11 – *Scalogramme du même son de parole : ondelette mère log de Gabor*

(fenêtre de taille fixe) et la transformée en ondelette continue en multirésolution (fenêtre de taille variable).

FIGURE 2.12 – *Visualisation de la différence entre le spectrogramme et le scalogramme*

2.4   Spectrogramme à multirésolution

2.4.1   Introduction

Cheung & Lim (1991) présentent une méthode pour combiner le spectrogramme à large bande et à bande étroite en évaluant la moyenne géométrique de leurs valeurs de pixels correspondantes.ăLe spectrogramme résultant préserve les caractéristiques visuelles associées à la haute résolution en fréquence et en temps.ăShin et al. (1997) ont réalisé une combinaison de spectrogrammes en bande large et en bande étroite en calculant la moyenne arithmétique et géométrique des deux spectres suivie d'une transformation non linéaire et d'un filtrage spatial. Chan et al. (1999) décrivent une approche de l'utilisation de l'analyse multirésolution (MRA) pour la parole spontanée bruitée et non bruitée d'une conversation téléphonique.ăLes expériences montrent que l'utilisation du cepstre MRA réduit significativement l'erreur d'insertion par rapport au coefficients cepstraux (Mel-frequency cepstral coefficients MFCCs).ăPour les signaux de musique, Cancela et al. (2009) présentent deux algorithmes efficient-constant-Q-transform et la FFT à multirésolution.ăIls ont examiné et comparé avec une nouvelle proposition fondée sur l'IIF de filtrage de la FFT.ăLa méthode proposée révèle être un bon compromis entre souplesse de conception et d'effort de calcul réduit.ăEn outre, elle a été utilisée comme une partie d'un algorithme d'extraction de mélodie.ăDans ce contexte, Dressler s'est intéressé à la description de l'analyse spectrale pour l'extraction des mélodies en se basant sur les spectrogrammes à multirésolution (Dressler 2006). Cette approche vise à extraire les composantes sinusoïdales du signal audio. Un calcul de spectres de différentes résolutions de fréquences, a été effectué, afin de détecter les sinusoïdes stables dans les différents cadres de la FFT. Les résultats de l'évaluation montrent que l'analyse multirésolution améliore l'extraction sinusoïdale. Le spectrogramme à multirésolution a aussi été appliqué dans le domaine de débruitage de la parole (Mergu & Dixit 2011) et dans le domaine de la synthèse de la parole (Chi & Hsu 2011). Etant donné l'importance de la multirésolution pour l'analyse et le traitement de la parole, nous proposons de présenter, dans ce qui suit, notre approche théorique pour le calcul du spectrogramme à multirésolution, ainsi qu'un exemple de comparaison entre le spectrogramme classique et le spectrogramme à multirésolution.

2.4.2 Calcul du spectrogramme à multirésolution

Soit s un signal de parole de longueur L. On souhaite calculer le spectre à multirésolution et le spectrogramme à multirésolution de s en se basant sur le principe de la FFT. La figure 2.13 présente une description des différentes étapes de calcul du MRS :

2.4.3 Spectre à multirésolution

Pour chaque étape de calcul i, le signal s est échantillonné en plusieurs trames $s_i(p_i)$ de longueur N_i et pondérée avec une fenêtre w suffisamment étroite (entre 10 ms et 20 ms) (Calliope 1989, Ladefoged 1996). Nous supposons que la fenêtre w est de longueur N_i et de centre C_{i,p_i}. Le spectre à court terme de chaque étape i (figure 2.14) s'écrit sous la

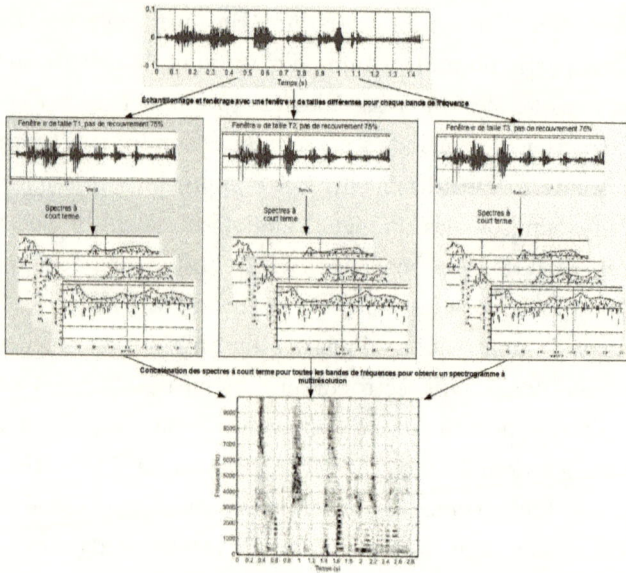

FIGURE 2.13 – *Description des différentes étapes de calcul du MRS.*

forme :

$$S_{i,k}(p_i) = \sum_{l=0}^{N_i-1} s_{i,l}(p_i) e^{-\frac{2j\pi kl}{N}} w(s_{i,l}(p_i) - C_{i,p_i}) \tag{2.17}$$

avec : $C_{i,p_i} = s_{i,\frac{N_i}{2}}(p_i)$ le centre de la trame p_i si le pas de recouvrement $pas = N_i/2$.

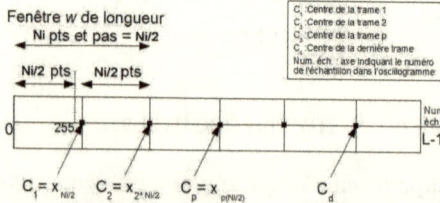

FIGURE 2.14 – *Le spectre à court terme de chaque étape i.*

Dans le cas de la multirésolution, le pas de recouvrement $pas = N_i/2$ ne peut pas satisfaire le principe de la continuité de la MRS dans les différentes bandes de fréquences. Un pas de faible longueur provoque

une discontinuité lors de l'affichage du spectre MRS et du spectrogramme MRS et donner ainsi une fausse information sur la dispersion
de l'énergie. La figure 2.15 présente un exemple expliquant cette discontinuité :

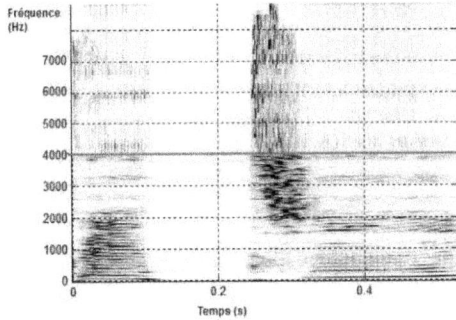

FIGURE 2.15 – *Discontinuité entre les bandes de fréquences (cas du MRS) pour un pas de faible longueur*

Le problème consiste dans le choix du pas de recouvrement et donc du
centre C_{i,p_i}. Il faut que les trames se chevauchent avec un pourcentage
supérieur à 50% de la taille de la trame. Un pas de recouvrement très
élevé (supérieur à 85%) fait apparaître le phénomène de lissage entre
les trames, cela veut dire que les bords de transition entre les phonèmes
deviennent peu lisibles. Toute valeur intermédiaire peut être choisit,
mais la localisation du centre d'énergie devient assez difficile à calculer.
Nous proposons donc de choisir un pas de recouvrement suffisamment
élevé pour concerver les extrémités des trames et leurs milieux afin de
simplifier et de faciliter la localisation des centres d'énergies. Le choix
de 75% répond à ces conditions et a été pris en considération pour
ce travail (fig.2.16). Calculons la valeur du centre C_{i,p_i}. Pour la trame
$p_i = 1$ de l'itération numéro i, on a N_i points :

$$\forall i \in [0 \ldots N_i - 1] \quad s_i(1) = x_i$$

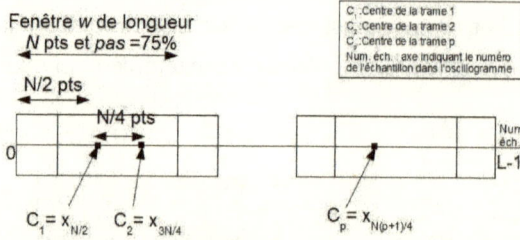

FIGURE 2.16 – *Échantillonnage et fenêtrage d'un oscillogramme par la recherche des centres de chaque trame (pas de recouvrement=75%).*

Pour la trame $p_i = 2$ de l'itération numéro i, on a N_i points :

$$\forall j \in [0\ldots N_i - 1] \quad s_j(2) = x_{N_i} + j$$

Dans le cas général, pour la trame p_i de l'itération numéro i, on a N_i points :

$$\forall j \in [0\ldots N_i - 1] \quad s_j(p_i) = x_{(p_i-1)N_i} + j = x_{p_iN_i} - 1$$

Le centre C_{i,p_i} pour $p_i = 1$ s'écrit :

$$C_{i,1} = \frac{N_i}{2}$$

pour $p_i = 2$ s'écrit :

$$C_{i,2} = \frac{1}{2}(\frac{1}{4} + \frac{5}{4})N_i = \frac{3}{4}N_i$$

Dans le cas général, pour la trame p_i :

$$C_{i,p_i} = C_{i,p_i-1} + \frac{N_i}{4} = C_{i,1} + (p_i - 1)\frac{N_i}{4} = x_{\frac{N_i(p_i+1)}{4}}$$

avec : $\frac{N_i(p_i+1)}{4} \leq L$ et $p_i \leq \frac{4L}{N_i} - 1$

Le spectre à court terme $S_{i,k}(p_i)$ de chaque étape i s'écrit sous la forme :

$$S_{i,k}(p_i) = \sum_{l=0}^{N_i-1} s_{i,l}(p_i) e^{-\frac{2j\pi kl}{N}} w(s_{i,l}(p_i) - C_{i,p_i}) \qquad (2.18)$$

avec : $C_{i,p_i} = x_{\frac{N_i(p_i+1)}{4}}$ le centre de la trame p_i si le pas de recouvrement $pas = 75\%$.

Le spectre à multirésolution MRS s'écrit donc :

$$S_k(p) = S_{i,k}(p_i) \quad \text{si} \quad k_i \leq k \leq k_{i+1} \qquad (2.19)$$

$$(2.20)$$

avec : $0 \leq k \leq N_0 + N_1 + \ldots + N_P$ et $\quad 1 \leq p \leq P$, P étant le nombre total des bandes de fréquences.

La figure 2.17 montre la différence entre le principe du spectrogramme classique et le principe du spectrogramme à multirésolution.

FIGURE 2.17 – *Principes du spectrogramme classique (à gauche) et du spectrogramme à multirésolution (à droite)*

2.4.4 Exemple

Dans cette partie, nous présentons les spectrogrammes classiques et à multirésolutions de trois phrases prononcées par trois locuteurs différents en trois langues différentes ; le Français, l'Arabe et le Dialecte Tunisien.

La figure 2.18 montre un sonagramme classique ; Fenêtre de Hamming, 11 ms avec un pas de recouvrement égal à 1/3. La phrase

prononcée est : "Le Soir approchait, Le Soir du Dernier Jour de l'année". La figure 2.19 montre un sonagramme à multirésolution de la
même phrase ; Fenêtre de Hamming de longueurs [23, 20, 15, 11] ms
pour les bandes limites [0-2000, 2000-4000, 4000-7000, 7000-10000] Hz
et un pas de recouvrement de 75%.

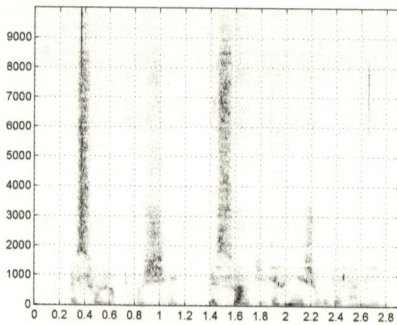

FIGURE 2.18 – *Sonagramme classique (Hamming, 11ms, pas de recouvrement=1/3)
de la phrase : "Le soir approchait, le soir du dernier jour de l'année"*

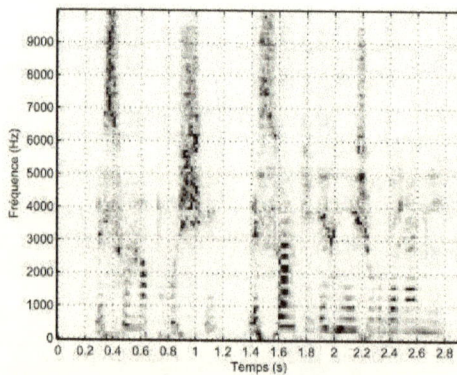

FIGURE 2.19 – *Spectrogramme à multirésolution ; Hamming (23, 20, 15, 11) ms,
pas de recouvrement=75%, Bandes-Limites en Hz [0, 2000, 4000, 7000, 10000] de
la phrase : "Le soir approchait, le soir du dernier jour de l'année"*

La figure 2.20 montre un sonagramme classique ; Fenêtre de Hamming,
11 ms avec un pas de recouvrement égal à 1/3. La phrase prononcée

en langue Arabe est : /mtabaha al abu min nau : mihi/ (Notations en
X-SAMPA, voir Annexe A.7). La figure 2.21 montre un sonagramme
à multirésolution de la même phrase ; Fenêtre de Hamming de longueurs [23, 20, 15, 11] ms pour les bandes limites [0-2000, 2000-4000,
4000-7000, 7000-10000] Hz et un pas de recouvrement de 75%.

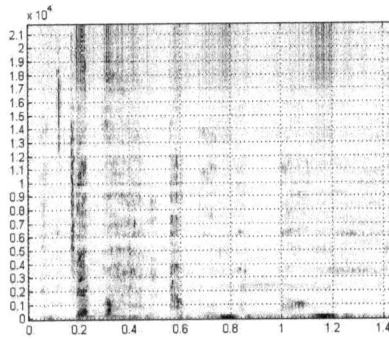

FIGURE 2.20 – *Sonagramme classique (Hamming, 11 ms, pas de recouvrement=1/3)
de la phrase en Arabe : /mtabaha al abu min nau : mihi/ (Notations en X-SAMPA,
voir Annexe A.7)*

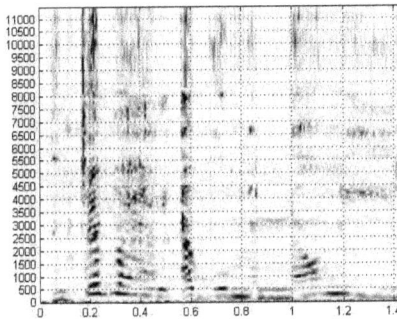

FIGURE 2.21 – *Spectrogramme à multirésolution ; Hamming (23, 20, 15, 11) ms, pas
de recouvrement=75%, Bandes-Limites en Hz [0, 2000, 4000, 7000, 10000] de la
phrase en Arabe : /mtabaha al abu min nau : mihi/ (Notations en X-SAMPA, voir
Annexe A.7)*

La figure 2.22 montre un sonagramme classique ; Fenêtre de Hamming,

11 ms avec un pas de recouvrement égal à 1/3. La phrase prononcée en Dialecte Tunisien est : /kol/ 'pɟriode' /mafhu :mha ɪtbadal ʔandi/ (Notations en X-SAMPA, voir Annexe A.7). La figure 2.23 montre un sonagramme à multirésolution de la même phrase; Fenêtre de Hamming de longueurs [23, 20, 15, 11] ms pour les bandes limites [0-2000, 2000-4000, 4000-7000, 7000-10000] Hz et un pas de recouvrement de 75%.

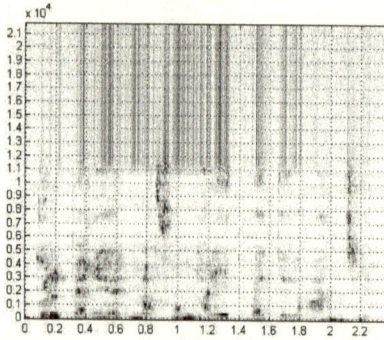

FIGURE 2.22 – *Sonagramme classique (Hamming, 11 ms, pas de recouvrement=1/3) de la phrase en Dialecte Tunisien :* /kol/ 'pɟriode' /mafhu :mha ɪtbadal ʔandi/ *(Notations en X-SAMPA, voir Annexe A.7)*

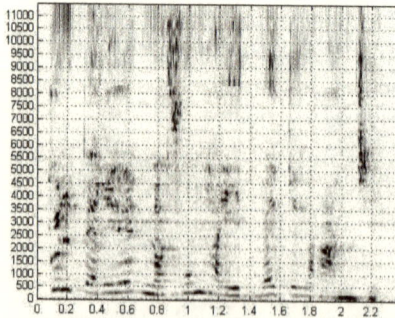

FIGURE 2.23 – *Spectrogramme à multirésolution; Hamming (23, 20, 15, 11) ms, pas de recouvrement=75%, Bandes-Limites en Hz [0, 2000, 4000, 7000, 10000] de la phrase en Dialecte Tunisien :* /kol/ 'pɟriode' /mafhu :mha ɪtbadal ʔandi/ *(Notations en X-SAMPA, voir Annexe A.7)*

2.5 Conclusion

Dans ce chapitre, nous avons présenté notre approche pour le calcul du spectrogramme à multirésolution, inspirée des ondelettes. Nous avons pris en considération tous les paramètres utiles pour le calcul des spectres à multirésolution. Nous avons supposé que l'énergie est concentrée au centre de chaque trame et nous avons montré que dans le cas de la multirésolution, le choix du pas de recouvrement doit satisfaire le principe de la continuitée dans les différentes bandes de fréquences. Ce choix a permis de concerver les extrémités et les centres des trames pour la localisation des centres d'énergies. L'apport de cette approche de calcul du MRS dans l'analyse de la parole fera l'objet des chapitres suivants qui feront intervenir une technique de classification du signal vocal basée sur la MRS, une étude acoustique, et une comparaison avec d'autres techniques existantes.

CLASSIFICATION DU SIGNAL VOCAL BASÉE SUR LA MRS

"General audio consists of a wide range of sound phenomena such as music, sound effects, environmental sounds, speech and nonspeech utterances. The sound recognition tools provide a means for classifying and querying such diverse audio content using probabilistic models."

Michael A. Casey (Casey 2002, p.309)

Dans ce chapitre nous allons présenter une démarche pour l'analyse du signal vocal basée sur une pré-classification des trames extraites des spectrogrammes (classiques et à multirésolution). Deux classifieurs sont proposés pour cette analyseă : Le premier vise à identifier les zones de transitions des zones porteuses d'information. Le second classifieur est orienté pour la séparation d'un groupement de trames porteuses d'information en sonorants, constrictives et silences.

Cette pré-classification permettra une analyse plus fine sur les sons de type obstruction (sonorants et constrictives). En effet, les constrictives regroupent les occlusives et les fricatives dont les caractéristiques phonologiques sont communes et leurs identifications permettent de restreindre l'ensemble des phonèmes à interpréter. Aussi, les sonorants rassemblent les voyelles et les consonnes sonantes qui sont caractérisées par des propriétés phonologiques similaires et dont la distinction

devra permettre une analyse plus approfondie dans une phase ultérieure de l'interprétation du signal vocal.

La figure 3.1 illustre la décomposition du signal vocal sous forme
d'arbre d'analyse. Les deux classifieurs que nous introduisons permettent de créer les nœuds de cet arbre d'analyse.

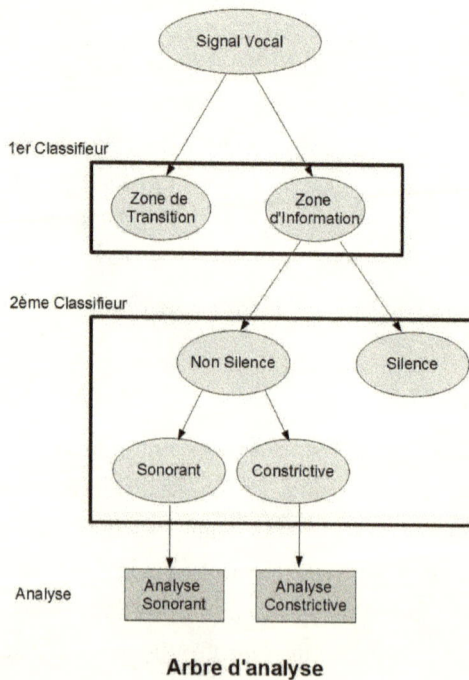

Arbre d'analyse

FIGURE 3.1 – *Arbre d'Analyse du signal vocal*

3.1 Choix du formalisme de classification

La pré-classification que nous avons introduit pour l'interprétation du signal vocal doit être appliquée en utilisant une méthode basée sur un formalisme théorique de classification. La plupart des techniques existantes sont répertoriées en deux familleså : Les techniques de classification supervisées et non supervisées.

Les techniques de classification non supervisée délèguent aux algorithmes le regroupement des données en classes. Le cas de la méthode des k plus proches voisins est l'un des exemples le plus utilisé en classification non supervisée (Lefevre 2000).

Les techniques de classification supervisée s'appuient sur une phase d'apprentissage où des connaissances dites experts sont introduites pour guider le classifieur dans la caractérisation des classes définies. Dans notre cas, nous nous situons dans un contexte de classification supervisée puisque la répartition des trames en classes s'effectue sur la base des différentes connaissances dont on dispose sur les zones de transition, les silences, les sonorants etc.

3.1.1 Justification du choix

En classification, plusieurs approches sont proposées. Les premières étaient des approches algorithmiques, heuristiques ou géométriques. Elles reposaient sur la dissimilarité entre les objets à classer. Les travaux récents reposent sur l'approche statistique qui se base sur des modèles probabilistes, formalisant ainsi l'idée de classe (Bouveyron 2006).

3.1.2   Rappels et Définitions

3.1.2.1 Définition 1

Soit E un ensemble. L'ensemble $P = \{C_1, ..., C_k\}$ est une partition de E en k classes si et seulement si :

$$\begin{cases} C_i \neq \oslash & \text{pour i} = 1, ..., \text{k} \\ \cup_{i=1}^{k} C_i = E, \\ C_i \cap C_l = \oslash & \text{pour tout} \quad i \neq l \end{cases} \tag{3.1}$$

3.1.2.2 Définition 2

Soit la règle de décision δ qui associe au vecteur $X \in \Re^p$ un vecteur $Z \in \{1, .., k\}$:

$$\begin{cases} \delta : & \Re^p \to \{1, ..., k\} \\ & X \longmapsto Z \end{cases} \tag{3.2}$$

La règle de décision δ permet d'associer le vecteur X à une des k classes, ceci revient à réaliser une classification.

3.1.2.3 La règle de Bayes

La règle de classification, basée sur la formule de Bayes, s'écrit :

$$P(Z|X) = \frac{P(Z)P(X|Z)}{P(X)} \tag{3.3}$$

L'approche retenue pour les deux classifieurs s'appuient sur l'extraction des paramètres statistiques qui prend en compte la nature de l'information utile.

3.2 Détection automatique des zones de transition

L'analyse du signal de la parole fait apparaître trois classes spectrographiquement remarquables :

– la classe du silence : Elle est caractérisée par une absence d'énérgie sur le spectrogramme.

– la classe des non-sonorants ou constrictives : Elle englobe les fricatives et les occlusives. Elle est caractérisée par une présence d'énérgie intense dans les moyennes et hautes fréquences.

– la classe des sonorants : elle englobe les voyelles et les autres consonnes. Elle est caractérisée par une présence d'énérgie dans les basses et moyennes fréquences.

Dans le cas où plusieurs silences ou plusieurs sonorants ou plusieurs constrictives se suivent, nous les considérons, respectivement, comme étant un seul silence ou un seul sonorant ou une seule constrictive. Par exemple, dans cette phrase :

$$\underbrace{d\ \overbrace{ernier}^{S}}_{NS}\quad \underbrace{j\ \overbrace{our}^{S}}_{NS}\quad \underbrace{d}_{NS}\ e\ \overbrace{l'année}^{S}$$

où NS : Constrictive et S : Sonorant.

La zone de transition désigne le passage entre deux phonèmes appartenant à deux classes différentes. L'identification de ces zones est fort importante et décisoire dans la phase d'extraction et d'intérprétation des phonèmes. Nous exposons dans cette section un classifieur que nous avons introduit afin de départager le signal vocal en zone de transition et zone porteuse d'information.

3.2.1   Description de la méthode

La figure 3.2 illustre une fenêtre de spectrogramme faisant apparaître des phonèmes et des transitions.

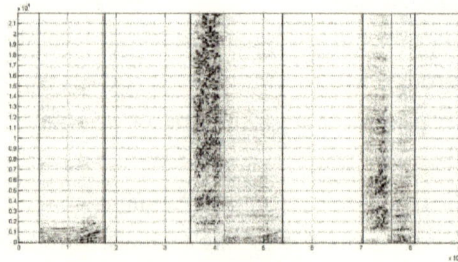

FIGURE 3.2 – *Détection des zones de transition.*

L'analyse du spectrogramme révèle les caractéristiques suivantes d'une transition :
- une transition peut être précédée ou suivie par un silence
- une transition peut marquer le passage d'un sonorant/non sonorant ou inversement

Ceci peut se traduire par un différentiel d'énergies entre trames dans le spectrogramme. L'identification des zones de transition doit donc prendre en considération ces propriétés inter-trames.

Pour détecter et décider si une trame est une zone de transition, nous nous intéressons à une fenêtre de 5 trames centrée par la trame d'étude et ses deux voisins de gauche et de droite comme le montre la figure 3.3. Le choix de la taille de ce voisinage est justifié par la courte durée de chaque trame et la durée effective de la prononciation d'un phonème. Un seul voisin à gauche ou à droite ne peut donc pas suffir à nous renseigner de toute l'information du phonème. Le choix de deux trames voisines s'avère suffisant pour représenter toute l'information utile.

Notre décision portera donc sur la relation de la trame à classer avec son voisinage. Les règles de décision qui régissent l'affectation de la

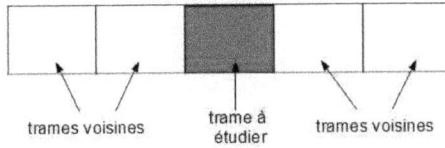

FIGURE 3.3 – *Voisinage de la trame à étudier.*

trame à l'une des deux classes (zone de transition/zone d'information) sont issues des propriétés citées plus haut.

3.2.2 Attributs d'une trame

Une trame représente le spectre à court terme d'un signal vocal. Il correspond à un vecteur évaluant l'intensité de l'énergie pour une série de fréquences. L'analyse d'une trame portera sur la présence d'énergie dans les zones de basses, moyennes et hautes fréquences. Notre choix a été orienté à décomposer la trame en 4 quantiles représentant 25% de la trame séparés par 3 quartiles :
– le 1er quartile Q_1 sépare les 25% inférieurs des données ;
– le 2e quartile Q_2 est la médiane de la série ;
– le 3e quartile Q_3 sépare les 75% inférieurs des données.

La figure 3.4 représente un exemple de trame T divisée en 4 quantiles.

Ainsi les attributs caractérisant une trame sont introduits par les trois quartiles Q_1, Q_2 et Q_3.

3.2.3 Écart interquartile

L'écart interquartile (*Interquartile Range* IQR) est une mesure de dispersion qui s'obtient en faisant la différence entre le premier quartile

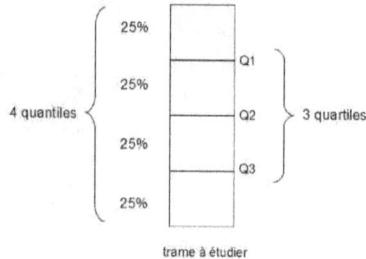

FIGURE 3.4 – *Exemple de trame divisée en 4 quantiles*

et le troisième :

$$IQR = Q3 - Q1 \qquad (3.4)$$

L'IQR est la distance entre le 75e et le 25e percentile (Simon 2008). Il est essentiellement la gamme des 50% moyennes des données. Parce qu'il utilise le milieu 50%, l'IQR n'est pas affecté par des valeurs aberrantes ou des valeurs extrêmes.

La classification des trames en zone de transition et zone d'information portera sur la variation de l'IQR entre les différentes trames.

3.2.4   Analyse de la variation de l'IQR

Une trame est considérée comme étant une zone de transition si son IQR est un pic vérifiant :

$$\begin{cases} IQR_{T_i} - IQR_{T_{i-j}} > 0 \quad j \in \{-2, -1, 1, 2\} \\ IQR_{T_i} > \lambda \end{cases} \qquad (3.5)$$

avec T_i est la trame numéro i du spectrogramme MRS, T_{i-j} est la trame numéro $i - j$ du spectrogramme MRS et λ est un seuil qui représente la différence minimale et significative d'énergie dans une transition. Ceci nous ramène à prendre en considération les trames justifiant d'un pic IQR qui informe sur une zone de variation significative d'énergie et d'éviter les fausses transitions des trames proches. La figure 3.5 montre un exemple de variation de l'IQR d'un voisinage d'une trame T_i.

3.2.5 Classifieur des zones de transition

Chaque trame du spectrogramme est affectée à l'une des deux classes zone de transition ou zone d'information. Le processus de classification que nous avons introduit s'appuie sur les étapes suivantes :
– extraction du voisinage d'une trame
– pour chaque trame du voisinage, nous dégageons ses quartiles et calculons son IQR.
– estimation de la probabilité p d'appartenance de la trame à la zone de transition. La métrique utilisée est la suivante (eq. 3.6) :

$$p = \begin{cases} 1 & \text{si} & \begin{cases} F_{T_i} - F_{T_{i-j}} > 0 & j \in \{-2, -1, 1, 2\} \\ F_{T_i} > \lambda \end{cases} \\ 0 & \text{sinon} \end{cases} \tag{3.6}$$

T_i et T_{i-j} sont des trames d'indices respectifs i et $i-j$. F est la fonction IQR. j est l'indice des trames voisines proches (à droite et à gauche) de la trame numéro i à analyser. λ est un seuil qui représente la différence minimale et significative d'énergie dans une transition.

3.3 Classification en silence/ sonorant/ constrictive

L'analyse de la parole doit focaliser sur le signal porteur d'information de phonèmes prononcés. Dans la section précédente nous avons introduit un premier classifieur qui va nous permettre d'isoler les zones de transition et de s'intéresser à la partie significative du signal vocal. Dans cette section nous allons introduire un deuxième classifieur permettant de hiérarchiser les trames en catégories de phonèmes à savoir :

– le silence

– le sonorant

– la constrictive

Ce travail vise à fournir une classification, à priori, du signal, pour réaliser une analyse plus fine dans les étapes ultérieures du processus d'interprétation.

3.3.1 Choix de l'approche

L'analyse du spectrogramme révèle une distribution de l'énergie qui est en corrélation avec la nature du phonème prononcé. En effet, la classe des sonorants est caractérisée, généralement, par la présence des formants dans les basses et moyennes fréquences. La classe des constrictives est caractérisée par la présence d'un bruit dans les moyennes et hautes fréquences. Des confusions entre ces deux classes demeurent une contrainte qui rend difficile de les départager. C'est le cas des constrictives voisées dont la barre de voisement est représentée par une bande d'énergie dans les basses fréquences et c'est aussi le cas des sonorants tel que le [R] dont la distribution d'énergie peut s'étendre jusqu'aux hautes fréquences.

Dans le domaine de la classification, et lorsque les données sont soumises à un phénomène aléatoire, les méthodes statistiques présentent un cadre théorique capable d'identifier une métrique pour l'affectation des données.

On distingue deux catégories de statistiques : les statistiques descriptives et les statistiques inférentielles. Les statistiques descriptives permettent de résumer un ensemble de données et aident à la description de la tendance générale du problème posé. Les statistiques inférentielles permettent d'évaluer si les différences observées sont réelles ou simplement le résultat du hasard. Les tests statistiques nous permettent d'estimer la probabilité que les différences obtenues soient causés par la chance. L'ANOVA est une de ces techniques (Chauvin & Palluel-Germain 2011).

Les statistiques inférentielles fournissent des critères objectifs pour tester des hypothèses. Elles offrent la possibilité d'aider à optimiser les efforts et à être un des éléments qui guide la planification des expériences et l'évaluation critique des résultats (Chauvin & Palluel-Germain 2011).

3.3.2 Analyse de la variance

L'analyse de la varianceăou test ANOVA (ANalysis Of VAriance) est un test statistique qui permet de comparer globalement l'espérance mathématique de plusieurs échantillons. Cela revient à dire, étudier le comportement d'une variable à expliquer en fonction d'une ou de plusieurs variables explicatives catégorielles (Chauvin & Palluel-Germain 2011). La forme générale de l'analyse de variance repose sur le test de Fisher (annexe A.3) et donc sur la normalité des distributions et l'indépendance des échantillons. L'hypothèse nulle H_0 correspond au cas où les distributions suivent la même loi normale. L'hypothèse alternative H_1 est qu'il existe au moins une distribution dont la moyenne s'écarte des autres moyennes :

$$H_0 : \forall i \ \forall j m_i = m_j = m \tag{3.7}$$

$$H_1 : \exists i \ \exists j m_i \neq m_j \tag{3.8}$$

3.3.2.1 Algorithme

On décompose la variance totale de l'échantillon en deux variances partielles, la variance inter-classes et la variance résiduelle, et on compare ces deux variances.

Données :ăp groupes d'observations, avec pour chaque groupe k des observations $(x_{k,1}, ..., x_{k,n_k})$ d'une variable aléatoire X_kăd'espérance mathématique μ. On note $N = \sum_{i=1}^{p} n_i$ le nombre total de valeurs observées.

Hypothèse testée :ă"Les espérancesăăsont égales".

Déroulement du test :

1. On calcule m_kăla moyenne empirique de chaque classe,

2. On calcule M la moyenne empirique totale de l'échantillon,

3. On calcule la variance empirique V_kăde chaque classe,

4. On calcule la moyenne des variances, ou variance intra-classes,

5. On calcule la variance des moyennes, ou variance inter-classes,

6. On calcule la variable de test,

7. On compare avec la valeur critique de la loi de Fischer-Snedecor de degrés de liberté q-1 et N-q pour le risque voulu. Si la variable de test est supérieure à la valeur critique, alors on rejette l'hypothèse.

3.3.2.2 Table d'ANOVA

La table d'ANOVA (Tab. 3.1) permet de résumer les calculs nécessaires.

Elle est composée de 6 colonnes (Bourdeau 2002, Chauvin & Palluel-Germain 2011). La première colonne représente les sources, les autres colonnes affichent les valeurs de la somme des carrés (*Sum of Squares* SS), le degré de liberté (*the Degree of Freedom* DF), la variance (*the Mean Square* MS), la valeur F est calculée en supposant l'hypothèse nulle H_0 (*the value of the statistic* F) et la valeur de la probabilité (*the probability* p). En littérature, on considère que la probabilité $p < 0.05$ est suffisante pour dire que l'hypothèse H_0 est rejetée. C'est une valeur purement conventionnelle, le risque 1 fois sur 20 est jugé assez petit pour qu'on se le permette (Bourdeau 2002, Chauvin & Palluel-Germain 2011).

3.3.3 Outil d'exploration : Le diagramme de Tukey Box-and-Whisker

Le diagramme de Tukey ou encore la boîte à moustaches (*The Tukey Box-and-Whisker Diagram*) est un graphique permettant une étude d'exploration (Chauvin & Palluel-Germain 2011). C'est un moyen d'observation puissant plus intéressant que les histogrammes (voir figure 3.6). Ce graphique représente les cinq groupes de données numériques : la plus petite valeur d'observation (le minimum de l'échantillon), le quartile inférieur ($Q1$), la médiane ($Q2$), le quartile supérieur ($Q3$), et la plus grande valeur d'observation (maximum de l'échantillon) (fig. 3.6). Un boxplot peut également indiquer quelle observation, le cas échéant, pourrait être considérée comme aberrante (Chauvin & Palluel-Germain 2011).

Le diagramme de Tukey affiche les différences entre les populations

TABLE 3.1 – *Table d'ANOVA. Avec fact : facteur, res : residu*

Source de la variance	$\sum$ carrés des écarts	Degrés de liberté	Variance	F	p-value
Inter-classes	SCE_{fact}	DDL_{fact}	$S^2_{fact} = \frac{SCE_{fact}}{DDL_{fact}}$	$F = \frac{S^2_{fact}}{S^2_{res}}$	$P_{H_0} = \frac{F}{F_{obs}}$
Intra-classe	SCE_{res}	DDL_{res}	$S^2_{res} = \frac{SCE_{res}}{DDL_{res}}$		
Total	SCE_{total}	DDL_{total}			

sans avoir besoin de définir les hypothèses sur la distribution statistique sous-jacente. Les espacements entre les différentes parties du diagramme indiquent le degré de dispersion et d'asymétrie entre les données, et permet d'identifier les valeurs aberrantes (Data 2008).

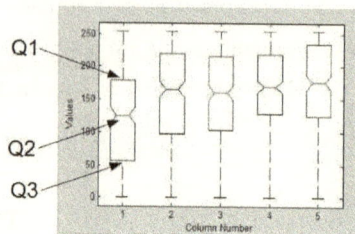

FIGURE 3.6 – *Diagramme de Tukey (boîte à moustaches)*

3.3.4   Processus de classification

Nous avons utilisé l'approche statistique pour la classification des trames en silence, sonorant et constrictive. Nous avons adopté l'anova pour l'estimation de la fonction de probabilité qui nous a permis l'affectation de chaque trame du spectrogramme à l'une des trois classes définies. Le processus de classification que nous avons introduit s'articule sur les étapes suivantes :

– Unité d'affectation : Étant donné la durée très brève d'une trame, nous avons procédé à un regroupement de trames pouvant informer de manière significative sur le phonème. L'unité d'affectation correspond donc dans notre cas à une séquence de N trames successives. N étant choisi de telle sorte quelle ne soit ni très courte ni dépassant la durée du phonème.

– Calcul de l'Anova : Le calcul de l'Anova est effectué sur les N trames représentant l'unité d'affectation. Le résultat est fourni sous forme d'une table d'Anova (tab 3.1).

- Estimation de la fonction de probabilité : La fonction de probabilité que nous avons utilisé pour l'affectation d'un bloc de N trames à l'une des classes sonorant/ constrictive/ silence, est estimée sur la base de la réponse p de l'anova.
- Affectation : La p de l'anova informe sur la distribution de l'énergie de la trame et le degrès de la variance intra et inter trames. Une valeur proche de 1 désigne une faible variance qui caractérise la classe des silences. Une faible valeur traduit une forte variance qui caratérise la classe des constrictives. Entre ces deux limites on trouve la trace de la classe des sonorants.

3.4 Applications

Les deux classifieurs que nous venons de présenter ont été testés sur 3 types de corpus. La diversification des corpus vise à étudier l'impact de la langue, les accents et les conditions d'enregistrement dans la qualité des résultats fournis.

3.4.1 Corpus

Nous avons utilisé trois corpus pour évaluer et tester notre approche. Le tableau 3.2 résume et présente les trois corpus utilisés pour la réalisation de cette étude. Les tables d'identification des locuteurs sont détaillées dans l'annexe A.8.

3.4.1.1 Corpus CVCV

Le premier corpus, prononcé par 19 locuteurs, est en langue française. Il a été enregistré dans une chambre sourde par Karypidis (2010). Il s'agit de logatomes bisyllabiques d'une structure CVCV où C est une consonne occlusive [p t k] et V une voyelle [i e]. La fréquence d'échantillonnage est égale à 44.1 kHz, le format wav a été adopté.

TABLE 3.2 – *Les corpus ;*
Notations : C_i une consonne occlusive [p t k] et V une voyelle [i e]

	Corpus CVCV	Corpus VASP	Corpus Audiocite
langue	logatomes bisyllabiques	dialecte tunisien	français belge
locuteurs	plusieurs nationalités parlant couramment le français	tunisien	belge
type	C_iVC_iV	phrases lues	textes lus
F_e	44.1 kHz	44.1 kHz	44.1 kHz
format	wav	wav, mono-stéréo	wav, mono-stéréo

3.4.1.2 Corpus Audiocite

Ce corpus est en français belge prononcé par des locuteurs Belges (Audiocite 2011). La fréquence d'échantillonnage est égale à 44.1 kHz, le format wav a été adopté en mono-stéréo. Nous avons évité tout type de filtrage de bruit qui peut détériorer la qualité du signal pour ne pas perdre de l'information.

3.4.1.3 Corpus VASP

Ce corpus est en dialecte tunisien prononcé par des locuteurs tunisiens. La fréquence d'échantillonnage est égale à 44.1 KHz, le format wav a été adopté en mono-stéréo. Nous avons évité tout type de filtrage permettant de dégrader la qualité du signal. Nous avons préparé un texte en dialecte tunisien contenant un nombre suffisant de sons que nous souhaitons étudier. Nous avons demandé à quatre locuteurs (deux hommes et deux femmes) de lire le texte à haute voix. Tous les locuteurs sont âgés entre 25 et 32 ans.

3.4.2   Expérimentation

Pour la phase d'expérimentation, nous avons mis en place un système d'Analyse Visuelle de la Parole (VASP : Visual Assistance of Speech Processing). Un descriptif technique et fonctionnel de cet outil est présenté dans l'annexe A.5.2).

3.4.2.1 Phase de pré-traitement

Nous avons calculé le spectrogramme classique et le spectrogramme à multirésolution du signal. Nous avons appliqué la fenêtre de Hamming de longueur 11 ms avec un pas de recouvrement égal à 1/3 pour le spectrogramme classique. Aussi nous avons choisi la fenêtre de Hamming de longueurs [23,20,15,11]ms pour les bandes de fréquences [0-2000, 2000-4000, 4000-7000, 7000-10000]Hz et un pas de recouvrement égal à 75%. La longueur de chaque trame est de 10 ms pour le spectrogramme classique et de 1.7 ms pour le MRS.

3.4.2.2 Résultats

a. Premier classifieur : zone de transition / zone d'information Pour chaque trame, nous avons calculé les deux quartiles Q_1 et Q_3 ainsi que le *IQR*. Nous avons étudié la variation de l'IQR en fonction du temps pour toutes les trames du spectrogramme classique et du spectrogramme à multirésolution. Notre étude expériementale a été réalisé et testé sur les deux corpus CVCV et VASP.

Application au corpus CVCV Les figures 3.7 et 3.8 montrent la variation de l'IQR en fonction des trames pour le spectrogramme classique et le spectrogramme à multirésolution. Les résultats de la détection des zones de transitions sont présentés sous forme des pics du graphe calculé. La sélection des pics a été réalisée en appliquant les règles définies dans la section 3.2.

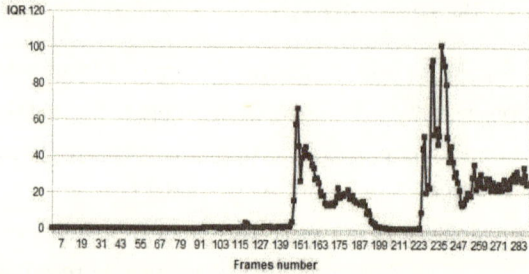

FIGURE 3.7 – *Exemple de variation de l'IQR : cas du spectrogramme classique (corpus CVCV)*

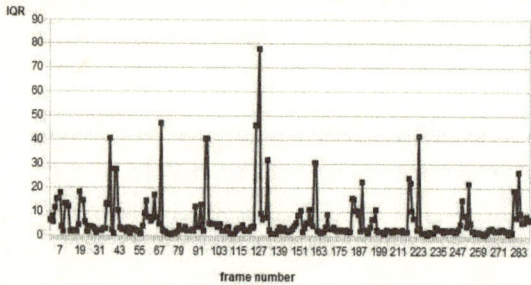

FIGURE 3.8 – *Exemple de variation de l'IQR : cas du spectrogramme multirésolution (corpus CVCV)*

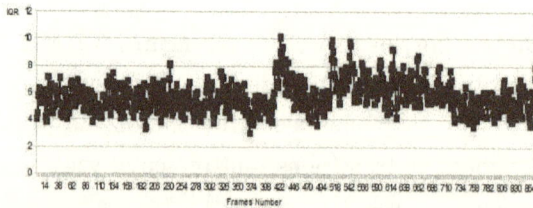

FIGURE 3.9 – *Exemple de variation de l'IQR : cas du spectrogramme classique (corpus VASP)*

Application du corpus VASP   Les figures 3.9 et 3.10 montrent la variation de l'IQR en fonction des trames pour le spectrogramme classique et le spectrogramme à multirésolution. Les résultats de la détection des zones de transitions sont présentés sous forme des pics du graphe calculé. La sélection des pics a été réalisée en appliquant les règles définies dans la section 3.2.

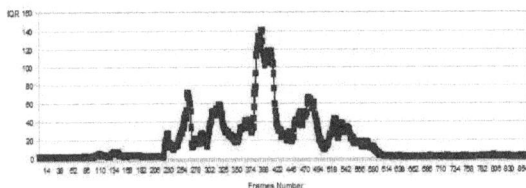

FIGURE 3.10 – *Exemple de variation de l'IQR : cas du spectrogramme à multirésolution (corpus VASP)*

Discussion La figure 3.8 représente la variation de l'IQR dans le cas de la MRS et la figure 3.7 représente la variation de l'IQR dans le cas de l'analyse spectrale classique. Chaque pic représente une transition entre deux phonèmes appartenant à deux classes différentes. Pour le corpus CVCV, nous avons obtenu un score de détection des zones de transition égal à 57.5% pour notre approche MRS. Le score de détection des zones de transition basée sur l'analyse spectrale classique est égal à 23.75%. Pour le corpus VASP, la détection des zones de transition basée sur notre approche MRS nous a permis d'obtenir un score de 52%. Le score de détection de zones de transition basée sur l'analyse spectrale classique est égal à 20.75%. La détection des zones de transition pour le corpus VASP s'avère moins précise que celle du corpus CVCV. Ceci est dû en première partie à la qualité du signal vocal, puisque le corpus CVCV a été enregistré dans une chambre sourde alors que le corpus VASP a été enregistré dans le local du laboratoire. En deuxième partie, aux informations importantes dans le corpus VASP (textes lus) et à la locution (parfois très rapide) des locuteurs à la différence du corpus CVCV. Les résultats de détection des zones de transition montrent que notre approche basée sur le MRS est plus pertinente et plus fiable que l'analyse spectrale classique.

b. Deuxième classifieur : Silence/ Sonorant/ Constrictive
Notre méthode de détection et de classification automatique de la

parole en trois classes Silence/ Sonorant/ Constrictive est basée sur la MRS et la méthode d'Analyse de la Variance (ANOVA).

Nous avons détecté automatiquement les zones de Silence/ Sonorant/ Constrictive en appliquant en premier temps les méthodes statistiques classiques l'*écart type* et la *moyenne* et en deuxième temps, le test statistique *Analyse de la Variance* des écarts de chaque ensemble de N trames des spectres à multirésolution (MRS). Le corpus choisi pour cette étude est en français belge prononcé par des locuteurs Belges (Audiocite 2011).

L'analyse des résultats obtenus montre que la détection automatique en Silence/ Sonorant/ Constrictive basée sur la MRS fournit de meilleurs résultats que l'analyse spectrale classique et que la classification par la méthode d'ANOVA est meilleure que par les méthodes classiques l'écart type et la moyenne.

Phase d'application des méthodes statistiques classiques
Nous avons appliqué un ensemble de règles de décision pour la classification du signal en Silence/ Sonorant/ Constrictive. Pour chaque trame numéro i, nous avons appliqué les méthodes statistiques classiques, en calculant l'écart type STD_i et l'énergie moyenne EM_i. Nous avons comparé nos résultats à des seuils expérimentaux ; STD_{min} pour la classe Silence, STD_{max} pour la classe Sonorant, EM_{min} pour la classe Silence et EM_{max} pour la classe Sonorant. Nous avons introduit un ensemble de règles de décision dans notre système :

– Si $STD_i < STD_{min}$ et $EM_i < EM_{min}$ alors la trame est classée comme étant un silence.
– Si $STD_i \in [STD_{min}..STD_{max}]$ et $EMi \in [EM_{min}..EM_{max}]$ alors la trame est classée comme étant un sonorant.
– Si $STD_i < STD_{max}$ et $EM_i < EM_{max}$ alors la trame est classée comme étant une constrictive.

Afin de tenir compte de la courte durée de l'arrêt du VOT, la longueur de la fenêtre peut être fixée au maximum à 15 ms (Das & Hansen

2004). La longueur de chaque trame est de 3 ms. Nous avons calculé, en première étape, l'écart type (STD) de toutes les trames et nous l'avons comparé à un seuil expérimental *Bound*. Si $STD = Bound$ alors la trame est classée comme étant de la parole. Si $STD < Bound$ alors la trame est classée comme étant du silence.

Phase d'application de la méthode ANOVA Nous avons calculé l'analyse de la variance de chaque groupe de N trames. Nous avons appliqué nos règles de décision pour la classification des trames en Silence/ Sonorant/ constrictive. Nous supposons que l'hypothèse H_0 est rejetée lorsque la trame n'est pas classée comme étant une constrictive. Nous avons calculé la probabilité p de chaque groupe. Nous avons comparé nos résultats à des niveaux d'acceptabilité à une classe donnée ; β, χ et μ pour la classe de silence, α et η pour les constrictives et α, β et γ pour les sonorants. La probabilité p est comprise entre 0 et 1.

 - Si $p < \alpha$ et $IQR < \eta$ alors la trame est classée comme étant une constrictive .
 - Si $p \in [\alpha..\beta]$ et $IQR < \gamma$ alors la trame est classée comme étant un sonorant.
 - Si $p < \beta$, $Q3 \approx \chi$, $Q1 < \mu$ et IQR est relativement stable alors la trame est classée comme étant un silence.

Résultats Expérimentaux Le code en Matlab pour le calcul et l'affichage des résultats expérimentaux s'écrit comme suit :

$$[p, table, stats] = anova1(spectC(:, j : j + N));$$

avec N un groupe de 4 trames.

Les figures 3.11, 3.12 et 3.13 montrent, dans le cas du spectrogramme classique, des exemples de tables ANOVA et de diagramme de Tukey-Whiskers dans le cas de la classification en silence, constrictive et sonorant. Les valeurs de SS ("somme des carrés"), DF ("degré de liberté") et MS ("Mean Square") sont inutiles pour notre analyse. La valeur de la statistique F calculée, en supposant l'hypothèse nulle H_0, et la validation des hypothèses considérées comme exactes n'est pas intéressant en soi. La valeur de p est crucial.

Chaque diagramme visualise clairement les boîtes à moustaches correspondantes à chacune des trames. Aussi les zones de transitions entre elles, c'est-à-dire entre les différentes classes. Nous fixons $N = 4$ pour des raisons de clarté du diagramme. La longueur de chaque trame est de 3 ms.

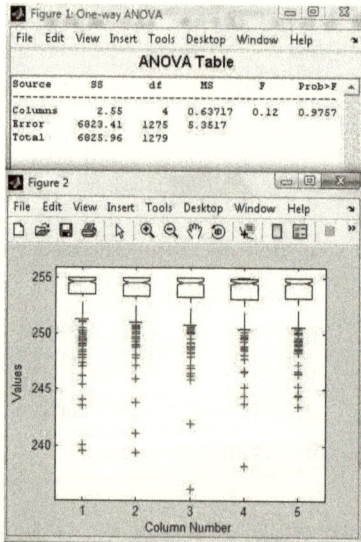

FIGURE 3.11 – *ANOVA de chaque groupe de $N = 4$ trames : La table ANOVA avec la probabilité $p = 0.9757$ et le diagramme de Tukey. Ce groupe est classé comme étant du silence.*

Les figures 3.14, 3.15 et 3.16 montrent, dans le cas de la multirésolution, des exemples de tables ANOVA et le diagramme de Tukey-Whiskers dans le cas de classification en silence, constrictive et sonorant . Les valeurs de SS ("somme des carrés"), DF ("degré de liberté") et MS ("Mean Square")sont inutiles pour notre analyse. La valeur de

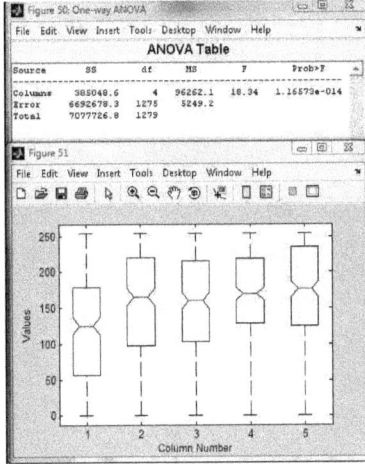

FIGURE 3.12 – *ANOVA de chaque groupe de N = 4 trames : La table ANOVA avec la probabilité p = 1.16573e − 014 et le diagramme de Tukey. Ce groupe est classé comme étant une constrictive.*

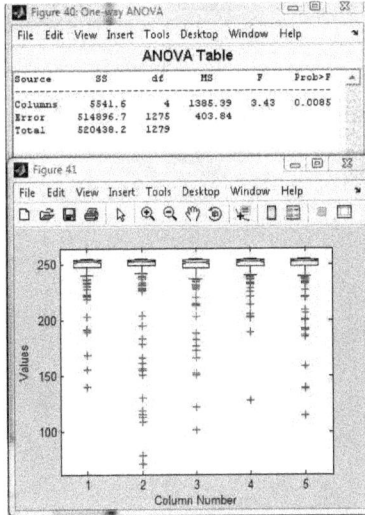

FIGURE 3.13 – *ANOVA de chaque groupe de N = 4 trames : La table ANOVA avec la probabilité p = 0.0085 et le diagramme de Tukey. Ce groupe est classé comme étant un sonorant.*

la statistique F calculée, en supposant l'hypothèse nulle H_0, et la validation des hypothèses considérées comme exactes n'est pas intéressant en soi. La valeur de p est crucial.

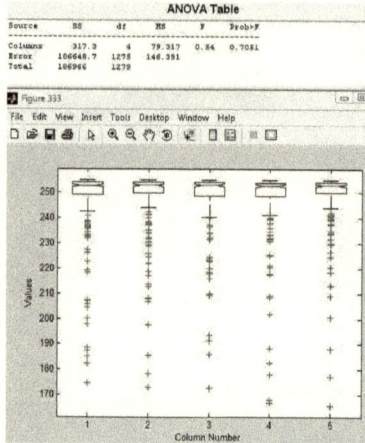

FIGURE 3.14 – *ANOVA de chaque groupe de $N = 4$ trames : La table ANOVA avec la probabilité $p = 0.7051$ et le diagramme de Tukey. Ce groupe a été classé comme étant un silence.*

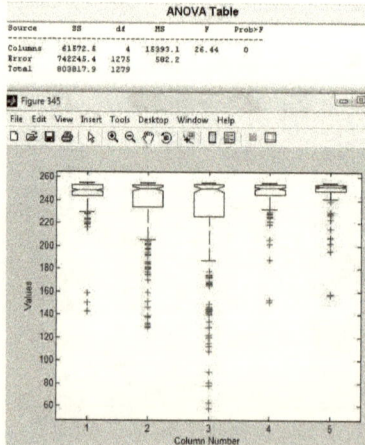

FIGURE 3.15 – *ANOVA de chaque groupe de $N = 4$ trames : La table ANOVA avec la probabilité $p = 0$ et le diagramme de Tukey. Ce groupe a été classé comme étant une constrictive.*

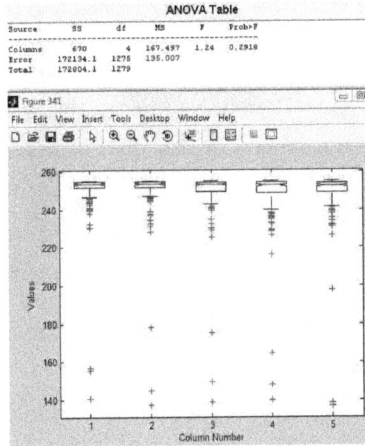

FIGURE 3.16 – *ANOVA de chaque groupe de $N = 4$ trames : La table ANOVA avec la probabilité $p = 0.2918$ et le diagramme de Tukey. Ce groupe a été classé comme étant un sonorant.*

Discussion Nous avons comparé notre méthode avec l'analyse spectrale classique. Les tableaux 3.3 et 3.4 donnent les résultats de la détection automatique en Silence/ Sonorant/ Constrictive basée sur l'analyse spectrale classique et sur la multirésolution. Dans cette étude,

TABLE 3.3 – *Détection automatique en silence/ sonorant/ constrictive basée sur l'analyse spectrale classique.*

	Taux de reconnaissance [%] en calculant la Moyenne	TAUX DE RECONNAISSANCE [%] EN CALCULANT L'ÉCART TYPE	TAUX DE RECONNAISSANCE [%] EN CALCULANT L'ANOVA
Silence	13	13	64
Sonorant	72	83	75
Constrictive	64	29.6	70

nous avons présenté et testé les performances de notre approche basée sur la multirésolution et l'ANOVA pour la classification en silence/ sonorant/ constrictive. Notre classification avec la méthode ANOVA donne de meilleurs résultats qu'avec les méthodes classiques écart type et moyenne. Nous remarquons que les taux de reconnaissance pour la

TABLE 3.4 – *Détection automatique en Silence/ Sonorant/ Constrictive basée sur la multirésolution.*

	Taux de reconnaissance [%] en calculant la Moyenne	TAUX DE RECONNAISSANCE [%] EN CALCULANT L'ÉCART TYPE	TAUX DE RECONNAISSANCE [%] EN CALCULANT L'ANOVA
Silence	75.8	78	79
Sonorant	64	70	80
Constrictive	19.7	30	75

classe des silences, par exemple, dans le cas de l'analyse spectrale classique est moins bonne qu'avec le MRS ; la moyenne est de 13% pour le classique alors qu'on obtient 75.8% pour le MRS et l'écart type est de 13% pour le classique alors qu'on obtient 78% pour le MRS. L'anova donne un meilleur taux par rapport à la moyenne et l'écart type 64%. En l'associant au MRS, nous avons obtenu un taux de reconnaissance égal à 79%. Nous remarquons que les taux de reconnaissance pour les constrictives sont moins bons que ceux des sonorants. Ceci est dû principalement au transition de type CV. Lorsque l'énergie sur le spectrogramme n'est pas visible, la constrictive est supprimée et est considérée comme une sonante puisqu'il est difficile de détecter le lieu de constriction de chaque constrictive. Les résultats de classification basés sur l'analyse du MRS demeurent meilleurs que ceux de l'analyse classique spectrale.

3.5   Système d'Analyse Visuelle de la Parole VASP

Les volets fonctionnels du système VASP que nous avons développé pour l'analyse de la parole, s'articulent autour des niveaux suivantsǎ :
– Chargement d'un fichier son. Les formats autorisés sontǎ : wav, aiff, aif et mat.
– Enregistrement d'une séquence sous format wav.

– Affichage du signal dans le domaine temporel (oscillogramme).

– Normalisation de l'oscillogramme par rapport à la fenêtre d'affichage et possibilité d'écouter le son.

– Manipulation de l'échantillon à analyser directement sur l'oscillogramme.

– Choix des paramètres de calcul et d'affichage (taille et type de la fenêtre, paramètre LPC, pas de recouvrement, bornes de la bande de fréquence et de temps).

– Représentations visuelles dans le domaine fréquentiel du spectre à court terme et de la courbe LPC (ou enveloppe spectrale).

– Représentations visuelles dans le domaine temps-fréquence ădes spectrogrammes à bande large, à bande étroite, calcul cepstral, prédiction linéaire et spectrogramme à multi-résolution.

– Représentations visuelles dans le domaine temps-fréquence : Spectrogrammes, Gammatone, DCT, Transformation Wigner-Ville, Réassignement spectral.

– Manipulation et enregistrement des représentations visuelles (lissage, contour, mise en forme).

– Extraction des caractéristiques.

– Outils d'aide à l'interprétation, base de règles de décisions, préclassification.

– Étude de l'influence des langues arabe et français sur le dialecte tunisien.

Les figures 3.17, 3.18 et 3.19 illustrent des exemples de spectrogrammes claculés respectivement avec notre système VASP et les logiciels libres Winsnoori et Praat.

3.6 Conclusion

Dans ce chapitre, nous avons présenté notre démarche pour l'analyse du signal vocal basée sur une pré-classification des trames extraites des

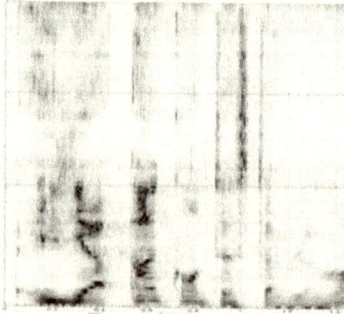

FIGURE 3.17 – *Spectrogramme MRS calculé avec VASP*

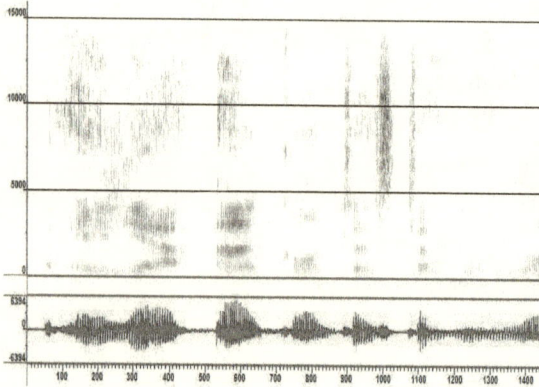

FIGURE 3.18 – *Spectrogramme calculé avec Winsnoori*

spectrogrammes (classiques et à multirésolution). Nous avons proposé deux classifieurs : Le premier vise à identifier les zones de transitions des zones porteuses d'information. Le second classifieur est orienté pour la classification des trames porteuses d'information en sonorants, constrictives et silences.

Dans les deux expériences réalisées, nous avons montré que les résultats de classification basée sur l'analyse du MRS, demeurent meilleurs que ceux de l'analyse classique spectrale. Ceci s'explique par la ri-

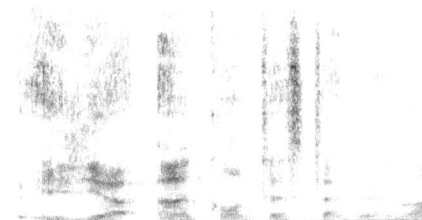

FIGURE 3.19 – *Spectrogramme calculé avec Praat*

chesse de l'information issue de la multirésolution. En effet, les deux classifieurs se basent sur des méthodes de détection de la dispersion de l'énergie. Les données MRS proviennent d'un échantillonnage dont la taille de la fenêtre est corrélée avec les bandes de fréquences et dont le pas de recouvrement est choisi de telle sorte qu'il conserve la continuitée entre ces bandes. Ces choix ont facilité la détection des zones d'énergies et expliquent l'efficacité et l'apport des spectrogrammes à multirésolution dans la détection des zones de transition et la classification en sonorants, constrictives et silences. Cette classification nous a permis d'identifier les sonorants et de les analyser afin d'extraire à travers une étude acoustique les voyelles. Ce travail fera l'objet du chapitre suivant.

ÉTUDE ACOUSTIQUE DES VOYELLES ORALES

"Vowel formant extraction, however, as conducted in most
sociophonetic analyses, is a laborious process which requires the
annotator to listen to every token while examing a spectrogram before
recording the F1 and F2 values from the LPC analysis program."
Evanini, K.; Isard, S. & Liberman, M. (Evanini et al. 2009, p.1655)

Dans le chapitre précédent, nous avons évoqué la richesse du signal
de la parole et la multitude de variables acoustiques qui le composent.
Nous avons aussi introduit des techniques de pré-classification qui permettent de décomposer les trames du signal en différentes catégories
afin de retenir les sonorants. L'analyse de la parole est un domaine où
les travaux penchent à faire ressortir les caractéristiques inhérentes du
phonème prononcé et de dégager des connaissances sur la parole afin
de les utiliser dans d'autres domaines.

Dans ce chapitre nous allons introduire une étude acoustique des sonorants. Nous nous sommes particulièrement intéressés à l'étude des
voyelles orales. Plusieurs travaux ont été orientés vers les voyelles afin
de réaliser des études acoustiques, phonétiques, phonologiques ou articulatoires. Notre contribution réside dans une étude acoustique des
voyelles basée sur une classification à priori des trames du signal vocal
et accompagnée par un système d'extraction des formants basée sur
la transformée de Radon. Au niveau applicatif, nous avons choisi le

dialecte tunisien (DT). Nombreuses sont les études qui se sont intéressées aux dialectes, mais rares sont celles qui ont été menées vers
le dialecte tunisien. Le dialecte tunisien est considéré, en littérature,
comme étant une variance de la langue arabe littéraire.

Ce chapitre comporte trois parties principales ; une présentation théorique de la langue arabe et du dialecte tunisien qui s'achève avec une
comparaison des deux langues au niveau phonétique. La deuxième partie est consacrée à l'étude acoustique du DT et réalisée sur 6 voyelles
orales. Le calcul des formants a été réalisé par estimation du LPC.
Cette méthode classique de détection des formants, reste néanmoins
peu précise, ce qui nous a emmené à proposer une deuxième alternative, exploitant l'aspect spectrographique, qui est la transformée de
Radon.

4.1   Le système phonétique Arabe

Le système phonétique de l'arabe se caractérise par un consonantisme
riche et un vocalisme pauvre. L'arabe classique standard a 34 phonèmes parmi lesquels 6 sont des voyelles et 28 sont des consonnes
(Muhammad 1990, Al-Zabibi 1990). Les phonèmes arabes se distinguent par la présence de deux classes appelées pharyngales et em-
phatiques. Ces deux classes sont caractéristiques des langues sémi-
tiques (Elshafei 1991). Les syllabes permises dans la langue arabe sont :
CV, CVC et CVCC. Où le V désigne voyelle courte ou longue et le C
représente une consonne (Muhammad 1990).

La langue arabe comporte cinq types de syllabes classées selon les trais
ouvert/fermé et court/long. Une syllabe est dite ouverte (respectivement fermée) si elle se termine par une voyelle (respectivement une
consonne). Toutes les syllabes commencent par une consonne suivie
d'une voyelle et elles comportent une seule voyelle. La syllabe CV (V
désigne voyelle courte ou longue et le C représente une consonne) peut

se trouver au début, au milieu ou à la fin du mot (Elshafei 1991, Baloul 2003).

Il existe trois timbres de voyelles [i], [a] et [u]. Elles sont susceptibles d'une distinction de longueur. On distingue les voyelles courtes et les voyelles longues. Leur réalisation phonétique est très variable, elles dépendent à la fois deă :
- l'origine géographique des locuteurs,
- l'environnement consonantique,
- la place de la voyelle dans le mot,ă
- la place de l'accent dans le mot (tendance à abréger les longues non accentuées chez beaucoup d'arabophones).ă

Les voyelles courtes, appelées en arabe *Haraka*ăsont :

- اَلْفَتْحَة (/ *lfet*ħ*a*/) : Il s'agit d'ajouter au-dessus ăde la lettre (dans notre cas, la lettre "t" ت) un petit trait oblique تَ,ă prononcée "ta"

- اَلضَّمة (/ *ldama*/) : Il s'agit ici d'ajouter au-dessus de notre lettre la lettre "waw" (و) تُ, prononcée "tou"

- اَلْكَسرة (/ *lkesra*/) : Il s'agit d'ajouter au-dessousă de la lettre un petit trait oblique تِ, prononcée "ti"

Les voyelles longuesăsont, généralement, deux fois plus longues que les voyelles courtes ou brèves. Cette durée varie en fonction de la position de la syllabe dans le mot (en finale, la longue est abrégée) et de l'accent (une longue non accentuée est abrégée). Les voyelles longuesă sont :

- أَلِف (/*alif*/) : La lettre /*alif*/ sans voyelle prolonge la lettre précédente portant une voyelle /*fet*ħ*a*/ ; Exemple تَا, prononcée "taâ"

– واو (/*waw*/) : La lettre /*waw*/ sans voyelle prolonge la précédente lettre portant la voyelle /*dama*/ ; Exemple تو, prononcée "toû"

– يَاء (/*ja*/) : La lettre /*ja*/ sans voyelle prolonge la lettre portant la voyelle /*kesra*/ ; Exemple تي, prononcée "tiî"

Il n'existe que deux diphtongues en arabe standardă أَي (/*aj*/) et أَو (/*aw*/). Exemplesă : زَيت (/*zayt*/) et زوج (/*zawj*/). Les mots en arabe sont caractérisés par un *accent de mot* ; une des syllabes est prononcée avec plus d'intensité et un peu plus haut (Cantineau 1960).

4.2 Historique du dialecte Tunisien

La langue officielle de la Tunisie est l'Arabe. Mais, la langue populaire est le dialecte tunisien (DT). Son vocabulaire est un mélange de la langue Arabe avec d'autres langues telle que le français, l'Italien, l'Anglais, le Turc, l'Allemand, le Berbère et l'Espagnol. Ce mélange est liée à l'histoire de la Tunisie, car de nombreuses civilisations, comme les Romains, les Vandales, les Byzantains, les Musulmans Arabes et les français, ont contribué à sa richesse culturelle. Une phrase en DT se compose de mots de plusieurs langues (Gibson 1998).

Après la colonisation française, le gouvernement français a voulu répandre la langue française dans le pays. Le français a été institué dans le système d'enseignement bilingue à l'école Franco-Arabe. Les programmes des écoles bilingues ont été orientés principalement vers le modèle de l'enseignement primaire français pour les enfants d'origine européenne (française, italienne et maltaise), auxquels ont été ajoutés des cours de l'Arabe Dialectal. L'arabe classique a été introduit dans le programme, pour les enfants tunisiens, afin d'étudier le Coran. À cette époque, seule une petite élite tunisienne a reçu une éducation véritablement bilingue, afin de co-administrer le pays. La population tunisienne a continué à ne parler que l'arabe ou l'une de ses nombreuses variétés (El Ghoul 2003, Leclerc 2011).

Après l'indépendance, l'éducation de la langue française comme l'arabe a été requise pour tous les enfants tunisiens dès l'école primaire. Ceci explique pourquoi le français est devenu la deuxième langue en Tunisie. Elle est parlée par la majorité de la population.

4.3 Comparaison du dialecte tunisien avec l'arabe standard

L'arabe standard est composé de 34 phonèmes. Il a trois voyelles, avec des formes longues et courtes de $[a]$, $[i]$ et $[u]$. La langue arabe a sept types de syllabes : deux syllabes ouvertes (CV) et (CVV), trois syllabes fermées (CVC), (CVVC) et (CCVC) et les syllabes (CVVC) et (CCVC) se produisent seulement à la fin de la phrase, V étant une voyelle et C une consonne (Muhammad 1990). La figure 4.1 présente le triangle vocalique des voyelles en arabe.

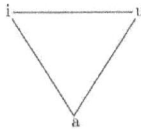

FIGURE 4.1 – *Triangle vocalique des voyelles de l'Arabe Standard.*

Les prononciations de l'arabe standard et du DT sont assez différentes. En DT, les voyelles courtes sont souvent omises, spécialement lorsqu'elles se trouvent être l'élément final d'une syllabe ouverte. Alors que l'arabe standard peut débuter avec une consonne suivie d'une voyelle, le DT se compose généralement de deux consonnes qui se suivent.

Par exemple, en arabe standard le mot "livre" est /kita?b/, tandis que en DT, il se prononce /kta?b/. Les symboles sont en X-SAMPA (voir annexe A.7). Le noyau de DT peut contenir une voyelle courte ou longue, et à la fin de la syllabe, dans la coda, il peut avoir jusqu'à trois consonnes, mais en arabe standard, nous ne pouvons pas avoir plus de deux consonnes à la fin de la syllabe. Le DT maintient une distinction nette entre toutes les voyelles brèves. Dans des environnements non pharyngalisés, il existe une antériorisation et une fermeture du [a :], et dans une moindre mesure du [a], qui, en particulier auprès des jeunes locuteurs tunisois, peut aboutir à des réalisations phonétiques telles que [a :]. Nous présentons, dans ce qui suit, deux exemples de phrases en dialecte tunisien, le premier exemple illustre le contexte tunisien et le deuxième montre un exemple de contexte français. Les deux termes "contexte tunisien" et "contexte français" seront utilisés dans la suite. Les symboles sont en SAMPA et X-SAMPA (voir annexe A.7) :

– Exemple d'une phrase dans le contexte tunisien : /*u : n mi : nu : t U : taU : a nku : n baX\Dak baI*/ (une minute وتو نڤون بحذّڤ bye)

– Exemple d'une phrase dans le contexte français : /*mE : rsi boku : ?\aISIk ?a biE : to*/ (Merci beaucoup عيشڤ à bientôt)

Le dialecte tunisien (DT) est un mélange de plusieurs langues (annexe A) ; arabe, berbère, français, italien, anglais, turc, iranien, espagnol, maltais, etc. Il existe différentes variétés régionales du DT, comme le dialecte de Tunis, du Sahel, de Sfax, etc. Sa morphologie, sa syntaxe, sa prononciation et son vocabulaire sont très différents de l'Arabe littéraire (Marçais 1950).

4.4 La prédiction linéaire

La prédiction linéaire (Linear Predictive Coding LPC) fait partie des méthodes non paramétriques (annexe A.1). Elle se base sur les connaissances de production de la parole et suppose que le modèle de production est linéaire. Ce modèle de production est le modèle source-filtre qui sépare la source du filtre : l'air qui circule dans les poumons peut être vu comme la source du conduit vocal en lui appliquant un filtre pour produire de la parole (Gold & Morgan 2000). L'analyse par prédiction linéaire permet de passer d'un spectre échantillonné, donc "bruité", à une représentation spectrale continue et "lissée". La détection des formants est alors plus aisée. Ils sont représentés par des pics sur le spectre LPC. Ce dernier est obtenu en appliquant la FFT sur les coefficients de prédiction.

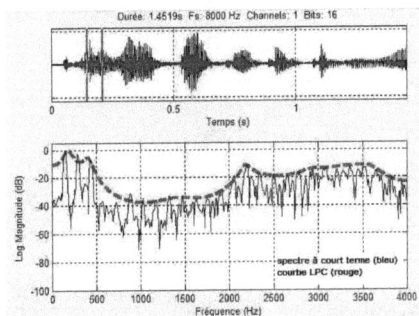

FIGURE 4.2 – *Estimation de la courbe de prédiction linéaire (LPC) d'un spectre à court terme.*

4.5 Description acoustique des voyelles

Les voyelles sont caractérisées par leur mode de production. Elles sont prononcées avec une vibration des cordes vocales au passage de l'air. Cette vibration produit un ensemble d'harmoniques proches des fréquences de résonance du conduit vocal. Ces fréquences sont amplifiées et sont représentées par des pics sur l'enveloppe spectrale. Ces pics sont appelés des formants (Haton & al. 2006, Benade 1976, Dowd et al. 1998). Sur le spectrogramme, les formants sont des zones d'énergie intenses. Géométriquement, ils apparaissent sous forme de bandes noires (des droites) plus ou moins parallèles à l'axe de temps. Leurs largeurs dépendent de la durée (en temps) du phonème à traiter. Certains formants ont la forme d'une courbure ou une ligne inclinée, c'est ce qu'on appelle transitions formantiques que l'on observe au passage d'une consonne à une voyelle et réciproquement. La figure 4.3 montre quelques exemples de spectrogrammes utilisés pour notre étude.

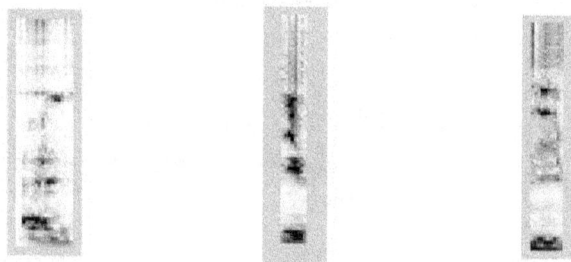

FIGURE 4.3 – *Spectrogramme du phonème [a] (à gauche), Spectrogramme du phonème [i] (au milieu), Spectrogramme du phonème [e] (à droite)*

Les timbres des voyelles sont essentiellement caractérisés par les valeurs fréquentielles des trois premiers formants F1, F2 et F3. Les deux premiers formants sont suffisants pour caractériser les voyelles postérieures. Le premier formant F1 donne une indication sur l'aperture des voyelles. Le deuxième formant F2 présente l'antériorité des voyelles. Le troisième formant F3 indique la labialité des voyelles antérieures. Le niveau fréquentiel du premier formant, peut donner une première indication sur la voyelle prononcée. Si F1 est très élevé, alors la voyelle ne peut être que [a]. Si F1 est moyennement élevé alors la voyelle prononcée peut être [ɛ] ou [ɔ]. Si F1 est moyennement bas, alors la voyelle

prononcée peut être [e] ou [o]. Si F1 est très bas, alors la voyelle prononcée peut être [i] ou [y] ou [u]. La notion de très bas, moyennement
bas, très élevée et moyennement élevée restent sur le plan pratique
approximatif et dépendant du locuteur et du signal. Les voyelles antérieurs sont caractérisées par un F2 élevé et un grand espace entre
F1 et F2. Les voyelles postérieurs sont caractérisées par un rappro-
chement des deux premiers formants. La voyelle [i] a le F2 le plus
élevé par rapport aux autres voyelles. La voyelle [u] a le F2 le plus bas
par rapport aux autres voyelles. Sur le plan expériemental, il demeure
difficile de reconnaitre les voyelles sur le spectrogramme. Ceci est dû
tout d'abord à la qualité du signal qui doit être très bonne et sans
bruit. Aussi, au contexte où se trouve la voyelle. En effet, une voyelle
antérieure dans un contexte postérieur est postériorisée et vice versa,
une voyelle postérieure dans un contexte antérieur est antériorisée. La
figure 4.4, montre un exemple de la voyelle [u] qui a été antériorisée.
Remarquons que F1 et F2 sont très proche dans un contexte isolé.
Alors que, F2 est devenu élevé et il y a un grand espace entre F1 et F2
pour le [u] dans le mot "doute". L'explication demeure dans l'articulation du [u] dans les deux contextes, elle n'entre pas dans le contexte
de notre travail. Le triangle vocalique des voyelles (fig. 4.5) donne une
classification des voyelles en fonction des deux premiers formants.

4.6 Analyse acoustique des voyelles dans un contexte de code switching

Nous avons réalisé, via notre système VASP (voir annexe A.5.2), l'analyse spectrale à multirésolution pour l'étude des voyelles [a], [ø], [i], [e],
[u] et [o] du dialecte tunisien et du français dans un contexte tunisien.
Nous avons mesuré les deux premiers formants F1 et F2 des voyelles
dans les mots en DT et en français.

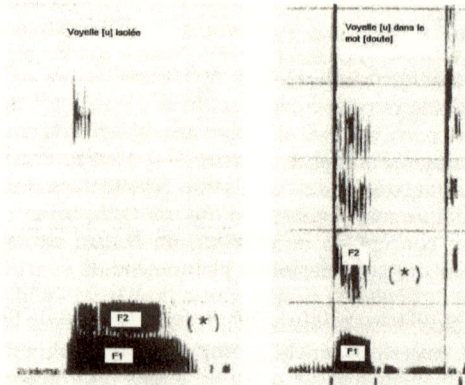

FIGURE 4.4 – *Spectrogramme du phonème /u/ dans un contexte isolé à gauche et dans le mot "doute" à droite (extrait de (Calliope 1989).*

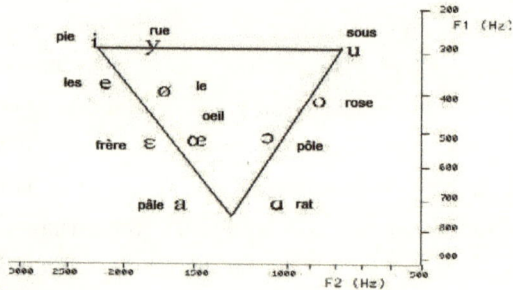

FIGURE 4.5 – *Classification des voyelles du français en fonction des deux premiers formants (Notations API)*

4.6.1   Corpus

4.6.1.1 Le premier corpus : parole spontannée (corpus VASP 1)

Nous avons enregistré de la parole spontanée, issue de discussions en temps réel, prononcée par quatre locuteurs. Nous avons supprimé le bruit de fond et les sons indésirables comme le rire, la musique, etc.

Nous avons rencontré des difficultés pour la réalisation d'un corpus spontané adapté à notre étude. Plusieurs raisons en sont en cause puisqu'il est très difficile d'avoir plusieurs occurences de tous les phonèmes et toutes les syllabes. D'autres difficultés ont été remarquées, il s'agit de la grande variabilité des thèmes de discussion et des sons prononcés aussi de la qualité du signal.

4.6.1.2 Le deuxième corpus : texte lue en DT (corpus VASP 2)

Nous avons préparé un deuxième corpus composé d'un ensemble de textes lus en dialecte tunisien. Ce corpus contient un nombre suffisant d'occurences de tous les sons à étudier. Nous avons demandé à quatre locuteurs, deux hommes et deux femmes, de lire le texte à voix haute dans les mêmes conditions d'enregistrement du premier corpus. Tous les locuteurs sont âgés de 25 à 35 ans. Les locuteurs ne connaissaient pas le texte lu. La fréquence d'échantillonnage est 44.1 kHz. Le format wav a été adoptée en mono-stéréo. Nous avons évité les accents et tout type de filtrage de bruit qui peut dégrader la qualité du signal et donc perdre de l'information. Le corpus VASP 2 a été étiqueté en phrases, mots et phonèmes.

4.6.2 Analyse spectrale de [a] en DT et en français

Nous avons mesuré les deux premiers formants $F1$ et $F2$ de la voyelle [a] du dialecte tunisien et du français dans le contexte tunisien. Les figures 4.6 et 4.8 montrent la dispersion des formants pour la voyelle [a], respectivement, pour le dialecte tunisien et pour le français. Il y a une zone commune entre les deux dispersions pour la bande de fréquence comprise entre $F1$ (300-650 Hz) et $F2$ (1500-2500 Hz).

4.6.3   Analyse spectrale de [e] en DT et en français

Nous avons mesuré les deux premiers formants $F1$ et $F2$ de la voyelle [ɛ] du dialecte tunisien et du français dans le contexte tunisien. Les figures 4.7 et 4.9 montrent la dispersion des formants pour la voyelle [ɛ], respectivement, pour le dialecte tunisien et pour le français. Il y a une zone commune entre les deux dispersions pour la bande de fréquence comprise entre $F1$ (300-550 Hz) et $F2$ (1500-3000 Hz).

4.6.4   Analyse spectrale de [a] et de [e] en DT

Nous avons mesuré les deux premiers formants $F1$ et $F2$ des voyelles [a] et [e] extraits d'un discours en dialecte tunisien. Les figures 4.6 et 4.7 montrent la dispersion des formants, respectivement, pour les voyelles [a] et [e]. Il y a une zone commune entre les deux dispersions pour la bande de fréquence comprise entre $F1$ (300-650 Hz) et $F2$ (1500-2500 Hz).

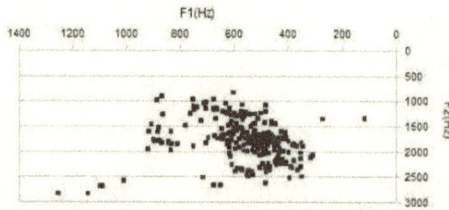

FIGURE 4.6 – *Variation des deux premiers formants de la voyelle* [a] *en dialecte tunisien*

4.6.5   Analyse spectrale de [a] et de [e] en français

Nous avons mesuré les deux premiers formants $F1$ et $F2$ des voyelles [a] et [e] d'un ensemble de mots en français extraits du deuxième cor-

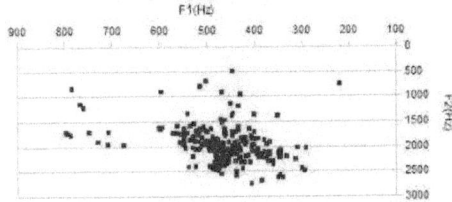

FIGURE 4.7 – *Variation des deux premiers formants de la voyelle* [e] *en dialecte tunisien*

pus. Les figures 4.8 et 4.9 montrent la dispersion des formants, respectivement, pour la voyelle [a] et la voyelle [e]. Il y a une zone commune entre les deux dispersions pour la bande de fréquence comprise entre $F1$ (400-530 Hz) et $F2$ (2000-2600 Hz).

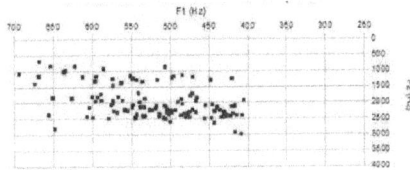

FIGURE 4.8 – *Variation des deux premiers formants de la voyelle* [a] *en français*

4.6.6 Analyse spectrale de [i] en DT et en français

Nous avons mesuré les deux premiers formants $F1$ et $F2$ de la voyelle [i] du dialecte tunisien et du français dans le contexte tunisien. Les figures 4.10 et 4.11 montrent la dispersion des formants pour la voyelle [i], respectivement, pour le dialecte tunisien et pour le français. Il y a une zone commune entre les deux dispersions pour la bande de fréquence comprise entre $F1$ (250-400 Hz) et $F2$ (1800-2500 Hz).

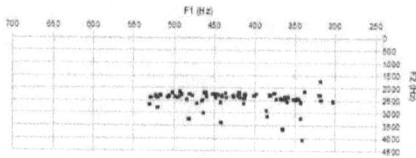

FIGURE 4.9 – *Variation des deux premiers formants de la voyelle* [e] *en français*

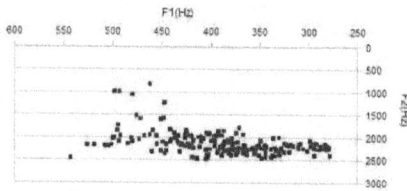

FIGURE 4.10 – *Variation des deux premiers formants de la voyelle* [i] *en dialecte tunisien*

4.6.7   Analyse spectrale de [o] et de [ø] en DT

Nous avons mesuré les deux premiers formants $F1$ et $F2$ des voyelles [o] et [ø] pour des mots en dialecte tunisien. Les figures 4.12 et 4.13 montrent la dispersion des formants pour la voyelle [o] et la voyelle [ø] pour des mots en dialecte tunisien.

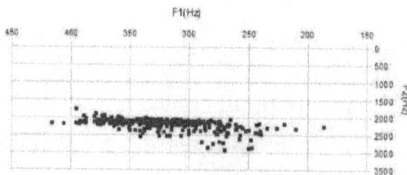

FIGURE 4.11 – *Variation des deux premiers formants de la voyelle* [i] *en français*

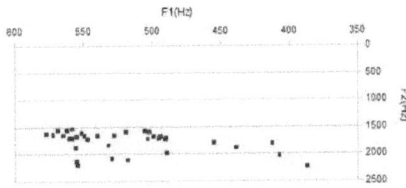

FIGURE 4.12 – *Variation des deux premiers formants de la voyelle* [ø] *en dialecte tunisien*

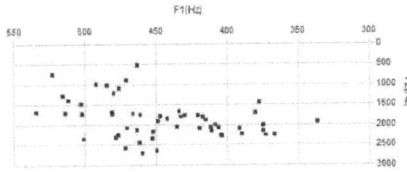

FIGURE 4.13 – *Variation des deux premiers formants de la voyelle* [o] *en dialecte tunisien*

4.6.8   Analyse spectrale de [u] en DT et en français

Nous avons mesuré les deux premiers formants $F1$ et $F2$ de la voyelle tipa[u] du dialecte tunisien et du français dans le contexte tunisien. Les figures 4.14 et 4.15 montrent la dispersion des formants pour la voyelle [u], respectivement, pour le français et pour le dialecte tunisien. Il y a une zone commune entre les deux dispersions pour la bande de fréquence comprise entre $F1$ (300-440 Hz) et $F2$ (1500-3000 Hz).

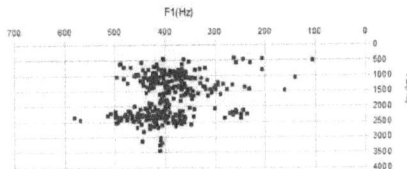

FIGURE 4.14 – *Variation des deux premiers formants de la voyelle* [u] *en français*

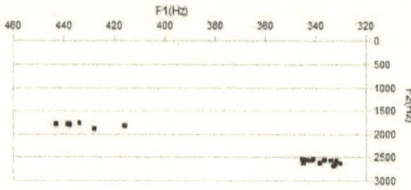

FIGURE 4.15 – *Variation des deux premiers formants de la voyelle* [u] *en dialecte tunisien*

4.7 Discussion

À notre connaissance, il n'existe aucune étude normative pour les valeurs des formants des voyelles en langue Arabe et en dialecte tunisien avec laquelle on pourrait comparer nos résultats expérimentaux. Pour certaines langues telles que l'anglais américain, on trouve l'étude normative de Peterson et Barney (Peterson & Barney 1952) , pour le suédois l'étude de Fant (1969) et pour le français l'étude de (Calliope 1989).

Nous avons comparé nos résultats expérimentaux avec ceux de Calliope (1989) dans les tableaux 4.1 et 4.2.

TABLE 4.1 – *Valeurs de la médiane et de l'écart type des formants F1/F2 de la voyelle* [e]

	Calliope		français dans le contexte tunisien		dialecte tunisien	
	F1	F2	F1	F2	F1	F2
Med	365	1961	436	2374	464	2017
σ	31	119	63	354	90	360

La voyelle [a] est ouverte antérieure. La valeur moyenne de $F1$ est égale à 443 Hz et la valeur moyenne de $F2$ est égale à 2090 Hz pour le dialecte tunisien. $F1$ est inférieure à la moyenne du premier formant de la langue française (700 Hz). $F2$ prend une valeur supérieure à la moyenne du second formant de la langue française (1500 Hz). La médiane de $F1$ est plus proche de la valeur médiane de Calliope pour le DT que pour la langue française. Pour le DT et la langue française, les

TABLE 4.2 – *Valeurs de la médiane et de l'écart Type des formants F1/F2 de la voyelle* [a]

	Calliope		français dans le contexte tunisien		dialecte tunisien	
	F1	F2	F1	F2	F1	F2
Med	684	1256	512	2137	515	1758
σ	47	32	74	600	158	383

médianes de $F2$ sont assez éloignées de la médiane de $F2$ de Calliope, mais proches l'une de l'autre. Pour la voyelle [e], les σ de $F1$ et de $F2$ sont élevées et assez éloignées de celles de Calliope pour le DT et pour la langue française. Cela peut s'expliquer par le fait que la position de la langue est plus étroite et elle est placée assez loin dans la bouche pour le dialecte tunisien. La voyelle [e] du dialecte tunisien s'approche, en prononciation, à la voyelle [e] de la langue française. Nous notons une moyenne de 436 Hz pour la $F1$ et 2120 Hz pour $F2$. Concernant les voyelles [i], [ø] et [u], nous avons comparé nos résultats expérimentaux avec ceux de Calliope (1989) dans les tableaux 4.3, 4.4 et 4.5. En français, [i] est une voyelle antérieure. La différence entre

TABLE 4.3 – *Valeurs de la médiane et de l'écart Type des formants F1/F2 de la voyelle* [i]

	Calliope		français dans le contexte tunisien		dialecte tunisien	
	F1	F2	F1	F2	F1	F2
Med	308	2064	307	2175	384	2181
σ	34	134	41	241	61	249

TABLE 4.4 – *Valeurs de la médiane et de l'écart Type des formants F1/F2 des voyelles* [o] *et* [ø]

	[o] pour Calliope		[ø] pour Calliope		[o] pour le DT		[ø] pour le DT	
	F1	F2	F1	F2	F1	F2	F1	F2
Med	383	793	381	1417	381	2184	380	2188
σ	22	63	44	106	37	258	39	153

les deux premiers formants est grande. $F1$ est égale à 200 Hz et $F2$ est supérieure à 2000 Hz. Pour le dialecte tunisien, nous notons que

TABLE 4.5 – *Valeurs de la médiane et de l'écart Type des formants F1/F2 de la voyelle* [u]

	Calliope		français dans le contexte tunisien		dialecte tunisien	
	F1	F2	F1	F2	F1	F2
Med	315	764	575	2355	381	2183
σ	43	59	199	172	48	392

la voyelle [i] conserve la caractéristique de la voyelle antérieure. La valeur moyenne de $F1$ est égale à 443 Hz, plus élevée que celle de la langue française. Elle peut être considérée comme une variante laxiste de la voyelle [i]. On peut la considérer comme étant une voyelle fermée mi-antérieure. La langue est positionnée à mi-chemin entre une voyelle fermée et une semi-voyelle mais d'aperture minimale. Nous pouvons dire la même chose à propos de [u] pour le dialecte tunisien. La valeur moyenne de $F1$ est égale à 406 Hz. Elle est supérieure à celle de la langue française (200 Hz). La valeur moyenne de $F2$, égale à 2195 Hz, est plus élevée que celle de la langue française (1200 Hz). L'écart type dégagé à partir des valeurs des formants des voyelles du corpus VASP apparaît plus élevé que celui de Calliope. Ceci réside dans la disparité des formants hommes et femmes utilisés simultanément dans le corpus VASP. Nous remarquons que les locuteurs tunisiens, qui ont participé à cette étude, prononcent les voyelles [a], [ø], [i], [e], [u] et [o] de la même façon en dialecte tunisien et en français. Notre analyse des résultats obtenus montre, aussi, que la prononciation de ces voyelles est influencée par la langue française puisque les valeurs des formants des voyelles du DT sont assez proche des valeurs de Calliope (Calliope 1989). Nous remarquons aussi qu'il y a confusion de prononciation des voyelles [a] et [ɛ] qui sont, dans certains contextes, prononcées de la même façon.

4.8   Note sur la précision des mesures

Engebretson & Monsen (1962) expliquent que la précision de l'estimation des fréquences formantiques par spectrographie est à $F_0/4$, avec F_0 la fréquence fondamentale. La source principale d'erreur serait un biais en direction de l'harmonique la plus intense. Mais Engebretson & Monsen (1983) donnent pour erreur une valeur de ± 60 Hz pour le formant F_1 et une valeur de ± 110 Hz pour F_2 aussi bien en spectrographie qu'en analyse par prédiction linéaire (LPC).

Il existe trois sources de variabilités. Elles sont liées à des différences physiologiques entre les locuteurs, aux effets de la coarticulation, et aux latitudes variables de réalisation au plan linguistique.

4.8.1 Variabilité d'origine physiologique

Un conduit vocal féminin est en moyenne de 15% plus court qu'un conduit masculin typique. En première approximation, la théorie acoustique indique que l'augmentation des fréquences de résonance est proportionnelle à la diminution de la longueur. Pour une forme constante, les formants devraient être de 15% plus élevés chez les hommes. On sait d'autre part que le larynx est placé plus bas, et que le pharynx est proportionnellement plus long chez l'homme que chez la femme. Ceci conduit à des coefficients d'écart différents selon les formants et les voyelles en raison de leur degré d'affiliation avec la partie pharyngale du conduit. Mais ces deux facteurs n'expliquent pas l'étendue des variations observées. Traunmuller (1984) a testé avec succès l'hypothèse que ces variations résultaient non seulement d'une différence de longueur totale et d'une différence dans les rapports longueur buccale/longueur pharyngale, mais également d'une ouverture relative de l'articulation linguale chez l'homme.

4.8.2 Variabilité due à la coarticulation

Au plan articulatoire, la coarticulation peut se définir comme l'influence qu'exerce un son sur un son contigu. Cette modification contex-

tuelle de l'articulation résulte sans doute d'un effet d'inertie méca-
nique mais également d'une réorganisation du geste articulatoire, liée
au concept de minimisation de l'effort articulatoire. L'exemple suivant
illustre concrètement le phénomène de coarticulation. Pour articuler
le mot doute [dut], le locuteur part d'une articulation apico-dentale
(antérieure, recule rapidement la langue vers la zone vélaire, puis doit
ramener la langue en position antérieure. En débit rapide, le locuteur
dispose de peu de temps pour accomplir ce déplacement important ;
la vitesse de déplacement de la langue, donc la force d'articulation
exercée, doit être grande. Si le locuteur ne veut (ou ne peut) accroître
l'énergie articulatoire, donc la vitesse, il lui reste la possibilité de réduire la distance à parcourir en articulation un [u] moins extrême, plus
antérieur. Ce phénomène est appelé "undershooting" en anglais, ce qui
signifie "tir trop court". La limite de ce phénomène est sans doute
d'origine perceptive. La voyelle coarticulée doit rester assez proche de
la cible articulatoire pour qu'il n'y ait pas confusion avec une autre
voyelle. Dans notre cas concret, la voyelle [u] sera antériorisée, c'est
à dire déplacée en direction de [y]. F_2 augmentera. Comme il existe
une grande distance acoustique entre [u] et [y], aucune confusion ne
se produira pour un F_2 atteignant 1200 Hz, voire 1500 Hz. Il existe
d'importantes variations individuelles dans l'étendue et le détail des
faits de coarticulation (Zerling 1979). Mais il est clair que l'effet est
d'autant plus marqué que le débit est plus rapide.

4.8.3   Variabilité due au plan linguistique

une voyelle antérieure dans un contexte postérieur est postériorisée
et vice versa, une voyelle postérieure dans un contexte antérieur est
antériorisée. La figure 4.4, montre un exemple de la voyelle [u] qui
a été antériorisée. Remarquons que F1 et F2 sont très proches dans
un contexte isolé. Alors que, F2 est devenu élevé et il y a un grand
espace entre F1 et F2 pour le [u] dans le mot "doute". L'explication

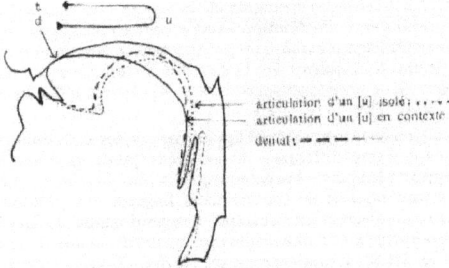

FIGURE 4.16 – *Variabilité due au plan linguistique de la voyelle* [u] *en français (Calliope 1989)*

demeure dans l'articulation du [u] dans les deux contextes (fig. 4.16), elle n'entre pas dans le contexte de ce manuscrit.

4.9 Extraction des formants par la transformée de Radon

La méthode LPC est conventionnellement utilisée pour l'extraction des formants à partir du spectrogramme. Pour les études acoustiques et phonétiques des voyelles une précision sur les valeurs des formants est exigée. Une fausse estimation des paramètres qui caractérisent ces formants (fréquence, écart type, rapport F1/F2, etc) conduit à un bruitage qui affecte l'interprétation et l'analyse de la parole. Les résultats obtenus avec la méthode LPC révèlent un écart type assez élevé dû, pour une partie, à la variabilité des locuteurs et aussi à des erreurs dans l'estimation des formants. En effet, une méthode d'extraction des formants capable de dégager une information fiable sur les niveaux de fréquences doit opérer sur toute la représentation temps/fréquence du signal et non sur le spectre à court terme comme c'est le cas pour LPC. Dans cette partie nous allons introduire une méthode d'extraction des formants à partir du spectrogramme utilisant la transformée de Radon. L'idée ressort de la capabilité de la transformée de Radon à faire apparaître des zones d'énergies intenses et de pouvoir repérer des pics correspondants à ces zones. La méthode que nous introduisons se distingue aussi par l'utilisation des zones stables des formants et d'éviter les zones de transitions et les zones non stables qui sont à l'origine des failles d'extraction du LPC.

4.9.1   Présentation de la transformée de Radon

La transformée de Radon (TR) détermine une fonction à partir des valeurs de ses intégrales le long des lignes du plan (Radon 1917) (Annexe A.2). Elle est considérée comme étant une généralisation de la transformée de Hough. La théorie de Radon a été appliquée en médecine par Hounsfield et Cormack (Nobelprize.org 2011), en inventant la tomographie basée sur l'inverse de la TR. En reconnaissance des formes, Leavers (March 1992;D), Leavers & Boyce (1987) présentent une application de la TR pour la caractérisation de la forme d'un contour. La TR a été aussi utilisée pour la détection de ligne (Copeland et al. June 1994, Deans 1981). La TR a aujourd'hui une grande importance et son domaine d'application s'élargit progressivement (Deans 1993), elle est utilisée en médecine (Mohammad-Djafari 1996) (scanner à rayon X (Jolissaint 1999) et γ (Bloch 2010), l'échographie (Barva 2003), la transmission par résonance magnétique nucléaire Tomodensitométrie (CT), etc). Elle est aussi utilisée en astronomie (reconstruction de l'image (Touma 1985), l'astronomie radar et des études d'occultation), en microscopie électronique (la reconstruction en 3-D des spécimens provenant de microscopie électronique), en géophysique (le calcul de sismogramme synthétique, etc), en optique (projection des données d'interférométrie utilisées pour reconstruire la distribution de l'indice de réfraction dans des domaines tels que l'aérodynamique, des écoulements de fluides et la physique des plasmas), en traitement d'images (Mohammad-Djafari 1996) (détection de lignes et de courbes en reconnaissance de formes, transmission d'image dans les communications).

4.9.2 Application de la transformée de Radon (TR) sur le spectrogramme

Un spectrogramme est représenté par une matrice dont la case (i, j) contient la valeur de l'intensité d'énergie associée à la ligne i et à la colonne j. Les lignes représentent les valeurs de fréquence et les colonnes le temps associé. Les formants sont des zones d'énergies intenses, représentés par des bandes noires plus ou moins parallèles à l'axe de temps. Pour mesurer la valeur d'un formant sur le spectrogramme, il faut détecter le centre de la bande noire qui la représente (s'il est visible) ou l'estimer en fonction des valeurs de seuils expérimentaux. Après le calcul du spectrogramme, nous appliquons la transformée de Radon (TR) sur le spectrogramme, dont le but d'obtenir un ensemble de pic Radon. Chaque pic représente la somme des intensités des énergies de chaque ligne projetée selon l'axe ρ et l'angle θ. La dernière phase est une prise de décision qui va définir les valeurs des trois premiers formants pour chaque phonème à traiter. Le système de décision est formé par un ensemble de règles de décision qui sont appliquées sur l'ensemble des pics dégagés. Pour appliquer la TR sur la matrice du spectrogramme, nous devons choisir la valeur de l'angle θ. Le choix de θ dépend de la nature de l'information à extraire et de sa structure géométrique dans le spectrogramme. Les figures 4.17 et 4.18 montrent que le choix de l'angle influe sur les résultats obtenus dans le profil Radon (ρ, θ). Soit une image, représentée par un carré bleu (figure 4.17). Nous souhaitons détecter la droite en couleur noir. La projection de la droite sur l'axe ρ avec un angle $\theta = 19°$, ne donne aucun pic dans le profil Radon (ρ, θ), mais donne plutôt naissance à un intervalle. Dans le cas où $\theta = 64°$, la droite est projetée sur un très petit intervalle. Le choix de cet angle permet d'avoir un ρ perpendiculaire à toute droite

de l'image. Il en résulte un pic qui permet sa localisation (figure 4.18).
Sur le spectrogramme, les formants sont des zones d'énergie intenses.

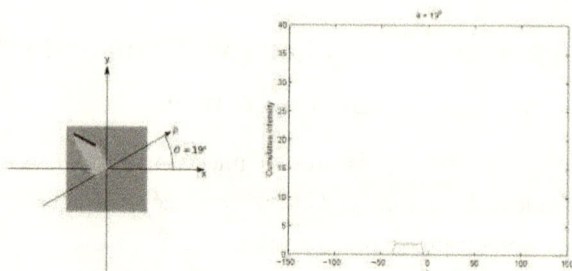

FIGURE 4.17 – *La transformée de Radon avec $\theta = 19°$.*

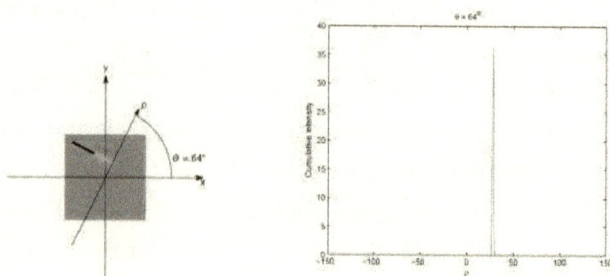

FIGURE 4.18 – *La transformée de Radon avec $\theta = 64°$.*

Ce qui revient à dire que leurs intensité est maximale. Ils sont représentés par des droites plus ou moins parallèles à l'axe de temps. La bonne détection de ces zones d'énergie dépend du choix de l'angle de projection θ. Cette projection devra permettre d'avoir une intensité maximale sur l'axe ρ. D'où le choix de l'angle $\theta = 90°$. Les transitions formantiques CV et VC (V étant une voyelle et C une consonne) sont représentées géométriquement, sur le spectrogramme, par des zones intenses inclinées de 45° ou de 135°. D'après la propriété de rotation du Radon (annexe A.2.4), ces deux angles donnent les mêmes résultats. Nous devons, donc, sélectionner le meilleur angle θ entre 90° et 45°. La figure 4.19 montre la différence entre la détection des trois premiers formants de la voyelle [a] pour les deux angles $\theta = 90°$ et

$\theta = 45°$. Dans le premier cas ($\theta = 90°$), tous les pics dont la fréquence représente un des formants à chercher sont présents. Dans le deuxième cas ($\theta = 45°$), il n'y a qu'un seul pic dont la fréquence correspond au formant F_3 et pas de pics correspondant à F_1 et à F_2.

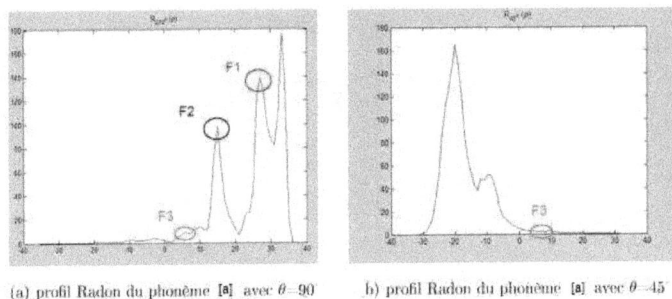

(a) profil Radon du phonème [a] avec $\theta = 90°$ b) profil Radon du phonème [a] avec $\theta = 45°$

FIGURE 4.19 – *Le profil Radon : allocation des pics pour deux directions (Cas du phonème [a]).*

La figure 4.20 montre la différence entre la détection des trois premiers formants de la voyelle [y] pour les deux angles $\theta = 90°$ et $\theta = 45°$. Dans le premier cas ($\theta = 90°$), tous les pics dont la fréquence représente un des formants à chercher sont présents. Dans le deuxième cas ($\theta = 45°$), il n'y a qu'un seul pic dont la fréquence correspond au formant F_3 et pas de pics correspondant à F_1 et à F_2.

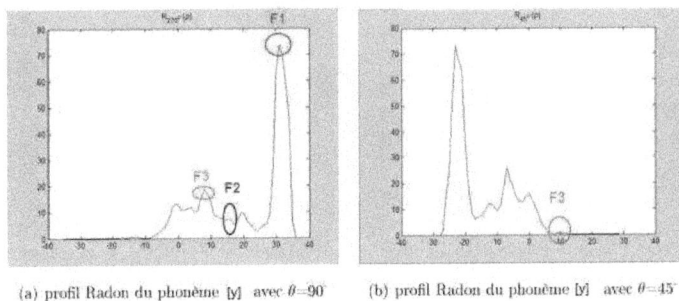

(a) profil Radon du phonème [y] avec $\theta = 90°$ (b) profil Radon du phonème [y] avec $\theta = 45°$

FIGURE 4.20 – *Le profil Radon : allocation des pics pour deux directions (Cas du phonème [y]).*

La figure 4.21 montre la différence entre la détection des trois premiers formants de la voyelle [u] pour les deux angles $\theta = 90°$ et $\theta = 45°$. Dans le premier cas ($\theta = 90°$), tous les pics dont la fréquence représente un des formants à chercher sont présents. Dans le deuxième cas ($\theta = 45°$), il n'y a aucun pic correspondant aux formants.

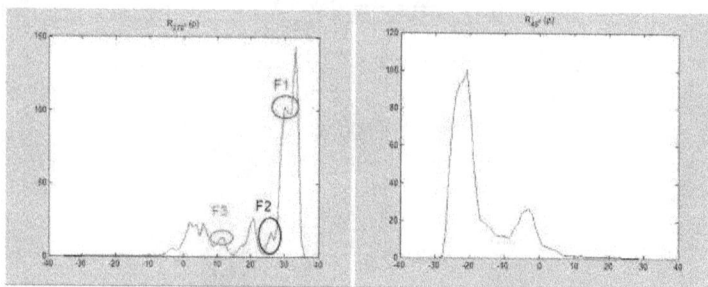

(a) profil Radon du phonème [u] avec θ 90   (b) profil Radon du phonème [u] avec θ 45

FIGURE 4.21 – *Le profil Radon : allocation des pics pour deux directions (Cas du phonème [u]).*

La figure 4.22 montre la différence entre la détection des trois premiers formants de la voyelle [e] pour les deux angles $\theta = 90°$ et $\theta = 45°$. Dans le premier cas ($\theta = 90°$), tous les pics dont la fréquence représente un des formants à chercher sont présents. Dans le deuxième cas ($\theta = 45°$), il n'y a aucun pic correspondant aux formants.

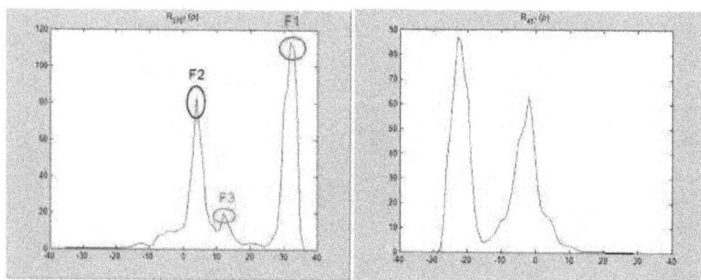

(a) profil Radon du phonème [e] avec θ 90   (b) profil Radon du phonème [e] avec θ 45

FIGURE 4.22 – *Le profil Radon : allocation des pics pour deux directions (Cas du phonème [e]).*

La figure 4.23 montre la différence entre la détection des trois premiers formants de la voyelle [i] pour les deux angles $\theta = 90°$ et $\theta = 45°$. Dans le premier cas ($\theta = 90°$), tous les pics dont la fréquence représente un des formants à chercher sont présents. Dans le deuxième cas ($\theta = 45°$), il n'y a aucun pic correspondant aux formants.

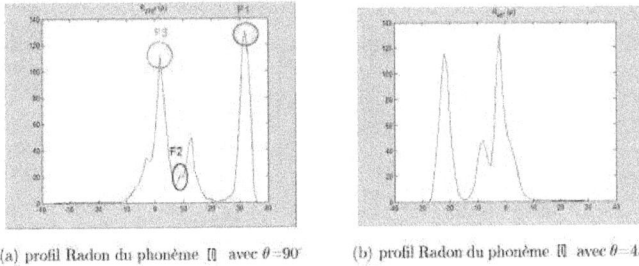

(a) profil Radon du phonème [i] avec $\theta = 90°$ (b) profil Radon du phonème [i] avec $\theta = 45°$

FIGURE 4.23 – *Le profil Radon : allocation des pics pour deux directions (Cas du phonème [i]).*

4.9.1.1 Système de décision

Notre système de décision permet la localisation des pics correspondants aux formants. Il se décompose principalement de trois étapes :

1. Application d'un algorithme permettant la localisation des pics dans un vecteur R. Ce vecteur R est le résultat de l'application de la TR sur la matrice de spectrogramme.

2. Sélection des formants parmi l'ensemble des pics localisés dans le vecteur R et enregistrement de leurs fréquences. L'analyse des formants montre que les valeurs des trois premiers formants varient dans une plage de fréquence bien déterminée indépendemment du locuteur. Cela revient à dire, que chaque formant F_i se situe dans un intervalle compris entre $Min(F_i)$ et $Max(F_i)$. Notre classification des pics Radon a donné naissance à trois sous ensembles :
   - P1 : le sous ensemble des pics ayant une fréquence dans la plage de F_1.
   - P2 : le sous ensemble des pics ayant une fréquence dans la plage de F_2.
   - P3 : le sous ensemble des pics ayant une fréquence dans la plage de F_3.

3. Tri des éléments de ces sous ensembles par ordre décroissant de leurs intensités Radon et sélection des pics à retenir comme élément caractéristique du formant en appliquant un système de règles de décision. Cinq règles de décision ont été introduites dans notre système :

   - R1 : Retenir pour F_1 le premier pic de P1.
   - R2 : Eliminer de P2 le pic retenu comme élément caractéristique de F_1 (s'il existe dans P1 ∩ P2) ainsi que les pics ayant une fréquence inférieure à celle du pic de F_1.
   - R3 : Eliminer de P2 les pics appartenant à P1 ∩ P2 et dont le rapport en intensité radon est faible.
   - R4 : La sélection d'un pic de P3, ayant une fréquence proche de la limite supérieure de sa bande de fréquence, n'est valide que si le pic retenu dans P2 est proche de la limite supérieure de sa bande de fréquence.
   - R5 : La sélection d'un pic de P3, ayant une fréquence proche de la limite inférieure de sa bande de fréquence, n'est valide que si le pic retenu dans P2 est proche de la limite inférieure de sa bande de fréquence.

4.9.1.2 Expérimentation

Dans cette section, nous présentons notre étude expérimentale composée de deux phases ; la phase de test réalisée sur un petit corpus et la phase évaluation réalisée sur un large corpus. Une étude comparative a été effectuée avec le logiciel Praat (annexe A.5.2) sera développée dans le chapitre 5. **a. La phase de test**

- **Implémentation** Cette section présente les différentes phases d'extraction des pics Radon ainsi que la procédure d'identification des formants.

  - **Phase 1 : Pré-traitement** Cette phase a été implémentée sous MATLAB avec notre prototype de *Système d'aide à l'analyse vi-*

suelle de la parole VASP (voir Annexe A.5.2). Différents modules
de VASP ont permis la réalisation des différentes étapes de pré-
traitement telle que l'échantillonnage, le fenêtrage et le calcul spectral. Les données de cette phase sont nos enregistrements (fichiers
wav) et les résultats finaux sont des spectrogrammes.

– **Phase 2 : Application de la Transformée de Radon** L'entrée de cette phase est la matrice associée au spectrogramme du
phonème à traiter. Les résultats finaux sont les pics Radon. La
figure 4.24 montre où se situent les pics Radon représentant les
formants.

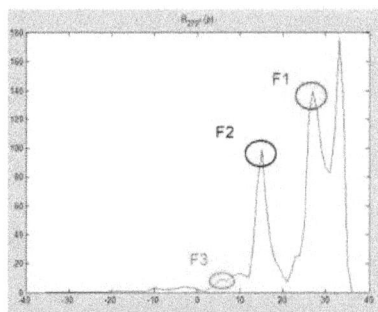

FIGURE 4.24 – *Profil Radon du phonème [a] avec $\theta = 90°$*

– **Phase 3 : Système de décision** L'entrée de cette phase est
l'ensemble des pics Radon. Les résultats finaux sont les trois pics
Radon qui correspondent aux trois premiers formants et leurs fréquences. La figure 4.25 montre la position d'un point du segment
représentant les formants.

– **Expérimentation** Nous avons testé notre méthode d'extraction des
formants à partir des pics Radon et à travers le découpage de l'ensemble des pics en 3 sous ensembles et nous avons appliqué les règles
de décision sur un corpus contenant 60 phonèmes. Pour chacune des
voyelles [a], [o], [y], [u], [e] et [i], nous avons testé 10 phonèmes. Le
tableau 4.6 illustre les taux d'erreurs dans la sélection des pics ainsi
que le pourcentage de bonne extraction. Le taux moyen de bonne

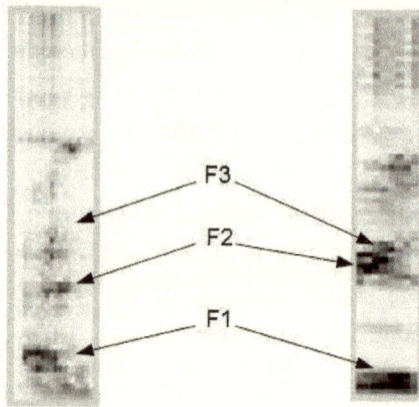

FIGURE 4.25 – *Spectrogramme du phonème [a] (à gauche), Spectrogramme du phonème [o] (à droite)*

TABLE 4.6 – *Taux d'erreurs dans la sélection des pics et le pourcentage de bonne extraction des voyelles [a], [o], [y], [u], [e] et [i].*

phonème	NOMBRE DE PICS MAL SÉLECTIONNÉS $F_1 // F_2 // F_3$	NOMBRE TOTAL DE PICS	TAUX D'ERREUR	TAUX DE BONNE EXTRACTION
[a]	1 // 1 // 0	2	6.6 %	93.4
[o]	1 // 0 // 0	1	3.3 %	96.7 %
[y]	0 // 4 // 1	5	16.6%	83.4%
[u]	0 // 1 // 0	1	3.3 %	96.7%
[e]	0 // 2 // 0	2	6.6 %	93.4 %
[i]	0 // 2 // 2	4	13.4 %	86.7 %

extraction est évalué à 91.6% ce qui est considéré comme un élément qui peut consolider l'idée de retenir cette approche pour la classification des voyelles.

b. Phase d'évaluation

1. Corpus de validation

La validation de notre approche a été effectuée sur les deux corpus de Karypidis (2010). Pour les phonèmes [i] et [e], nous avons utilisé le corpus composé de logatomes bisyllabiques $CVCV$, où $C = [ptk]$ et $V = [ie]$. Pour les phonèmes [e], [y], [u] et [o], nous avons utilisé le corpus $V_1V_2V_3$ (Annexe A.8).

2. Implémentation

Nous avons validé notre approche sur le corpus $V_1V_2V_1$ associé au locuteur dont l'ID est FR-M2. Nous avons analysé nos données et mesuré les valeurs formantiques de la première et de la deuxième occurence de V_1 : c'est à dire la première et la dernière voyelle du triphtongue $V_1V_2V_1$. Par exemple, pour traiter le phonème [o], nous avons choisi le triphtongue [o u o] et nous avons traité le premier et le dernier [o] de chaque mot. Du point de vue pratique, il est difficile de segmenter le corpus $V_2V_1V_2$ ou le corpus $V_1V_2V_1$ pour traiter le phonème V_1, dans le premier cas, et le phonème V_2 dans le deuxième cas, à cause des transitions formantiques. Les travaux de Karypidis (2010) ont montré que la partie stable de chaque phonème représente les 90 premières millisecondes pour la première voyelle et les 90 dernières millisecondes pour la troisième voyelle (càd la dernière voyelle). Il reste difficile de détecter la zone de stabilité de la deuxième voyelle, ce qui nous a obligé à l'éliminer. Les mêmes études (Karypidis 2010) ont montré que si on augmente le seuil (par exemple 100 ms), on tombe sur des transitions formantiques. Du point de vue pratique, ce seuil dépend du locuteur et de la voyelle à traiter. Ce qui rend la valeur de 90 ms une valeur prudente et empiriquement idéale : pas trop élevée (pour éviter les transitions) et pas très courte (pour avoir une bonne précision fréquentielle).

3. Expérimentation

La figure 4.26 représente les valeurs formantiques détectées par notre approche dans le plan (F_1, F_2). D'après le triangle vocalique de Hellwag (figure A.5), les valeurs formantiques du phonème [a] tourne autour de 800 Hz pour F_1 et 1300 Hz pour F_2. Les valeurs formantiques détectées par notre approche montre que la valeur moyenne pour F_1 est comprise entre 750 Hz et 800 Hz et vers 1200 Hz pour F_2. Pour le cas du phonème [o], la valeur moyenne de F_1

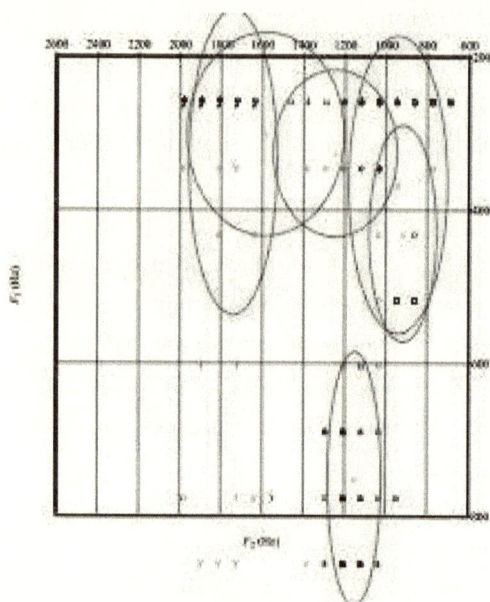

FIGURE 4.26 – *Triangle vocalique associé au corpus $V_1 V_2 V_1$ des valeurs forman-tiques détectées par notre approche TR.*

est égale à 450 Hz et à 900 Hz pour F_2. Ces valeurs coincident avec les valeurs de Hellwag. Pour le cas de [u], la valeur moyenne de F_1 est égale à 350 Hz et vers 950 Hz pour F_2. Ces valeurs coincident avec les valeurs de Hellwag. Pour les cas des voyelles antérieurs [i], [y] et [e], une différence de 100 Hz pour le cas de [i] et [y] au niveau de F_1 et de 600 Hz pour F_2 dans le cas de phonème [i] et [e]. Des bonnes valeurs de F_1 pour [e] et de F_2 pour [y].

4. **Classification des phonèmes**

Pour évaluer notre approche, nous avons effectuer une classifica-tion des phonèmes dont le but de les identifier. Nous avons choisi de ne traiter que les phonèmes qui ont fait l'objet d'une extraction automatique. L'ensemble des règles introduites ont été dégagées à partir de l'analyse statistique de formants extraits relative à notre approche utilisant les pics Radon. Pour chaque voyelle nous avons définit des règles simples ou composées (utilisant des opérateurs ET-OU) afin de caractériser les formants en fonction de leurs plages de fréquences respectivement pour F_1, F_2 et F_3. Une probabilité est alors estimée comme mesure de l'affectation du triplet (F_1, F_2, F_3) à l'une des six voyelles orales considérées [a], [e], [o], [u], [y] et [i]. Ce processus a été appliqué sur 500 phonèmes et les résultats obtenus sont résumés dans le tableau 4.7 : Ces résultats

TABLE 4.7 – *Classification des voyelles [a], [o], [y], [u], [e] et [i].*

phonème	[a]	[e]	[o]	[u]	[y]	[i]
nombre des phonèmes	145	41	153	110	39	95
Bien classés	135	39	76	82	27	82
Confusion	3	0	1	1	14	49
% de bonne classification	93	95	50	75	69	86

montrent des taux de bonne affectation acceptables pour tous les phonèmes à l'exception du phonème [o] dont le taux est égal à 50% (la plupart des méthodes ne permettent pas de départager le [o] avec les autres classes des voyelles).

4.10 Étude comparative entre la TR et le LPC

Nous présentons dans ce qui suit, une étude comparative entre les résultats du logiciel Praat largement utilisé dans l'analyse de la parole (annexe A.5.2) et utilisant une technique classique d'extraction des formants le LPC (annexe A.1). Cette comparaison se base sur l'étude et l'analyse de deux triangles vocaliques par rapport au triangle vocalique de Hellwag (Renard 2008) (voir annexe A.4) ainsi qu'une comparaison avec les valeurs de la médiane et de l'équart type de Calliope. La figure 4.27 présente le triangle vocalique de Hellwag.

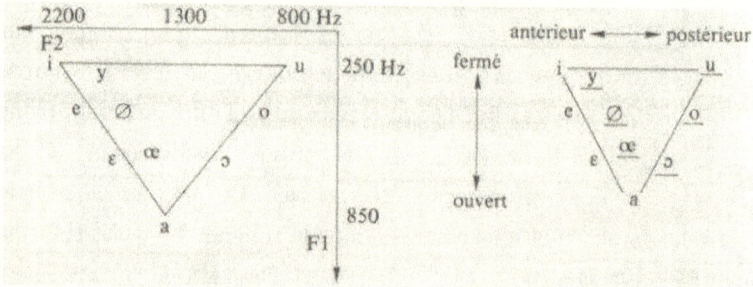

FIGURE 4.27 – *Triangle vocalique de Hellwag (Calliope 1989)*

4.10.1   Paramétrage de Praat

Nous avons calculé les valeurs formantiques des phonèmes avec le LPC à l'aide d'un script sur Praat. Nous avons spécifié les paramètres de Praat, puis nous avons annoté le corpus afin de déterminer le début et la fin de chaque phonème dans une phrase. Les tables 4.8 et 4.9 présentent le paramétrage de l'analyse effectuée avec Praat sur le spectrogramme et les formants.

TABLE 4.8 – *Les paramètres du spectrogramme (Praat)*

Largeur de la fenêtre	0.005 ms
Étendue dynamique	40.0 (dB)
Méthode d'analyse	Fourier
Type de fenêtre	Hamming

TABLE 4.9 – *Les paramètres des formants (Praat)*

Plafond de détection formantique	5KHz (hommes)/5.5KHz (femmes)
Nombre de formants à détecter	5
Longueur de la fenêtre	0.02 (s)
Etendue dynamique	30.0(dB)

Les valeurs 5000 Hz et 5500 Hz sont traditionnellement utilisées dans la littérature (Boite et al. 2000).

4.10.2 Étude Comparative

Nous présentons notre étude comparative sous la forme des deux triangles vocaliques que nous avons élaboré appuyée par la table 4.10. La figure (4.28) présente le triangle vocalique obtenu par les valeurs de notre approche et la figure (4.29) présente le triangle vocalique obtenu par les valeurs de Praat (LPC). Une analyse visuelle de ces deux triangles montre que notre approche donne un meilleur regroupement des formants F1 et F2 dans les bandes de fréquences associées à chaque type de voyelles et une meilleure concordance avec le triangle vocalique de Hellwag (fig. 4.27). Nous remarquons aussi que la médiane et l'équart type des 3 premiers formants des voyelles [a], [o], [u], [y] et [Ø] calculés avec la TR sont proches des valeurs de Calliope, ce qui met en évidence l'efficacité de notre approche.

TABLE 4.10 – *Valeurs de la médiane et de l'écart Type σ des 3 premiers formants des voyelles* [a], [o], [u], [y] *et* [Ø] *calculés avec la TR*

	σ						Mediane					
	TR			Calliope			TR			Calliope		
	F1	F2	F3	F1	F2	F3	F1	F2	F3	F1	F2	F3
[a]	43	45	123	47	32	131	733	1248	2806	684	1256	2503
[o]	29	42	75	22	63	126	420	750	2297	383	793	2283
[Ø]	27	115	183	44	106	113	262	1161	2383	381	1417	2235
[u]	29	39	102	43	59	136	268	740	2234	315	764	2027
[y]	129	124	97	37	121	182	301	1652	2466	300	1750	2120

4.11 Conclusion

Nous avons présenté dans ce chapitre une comparaison entre les deux langues l'arabe et le dialecte tunisien, au niveau phonétique, ainsi qu'une étude acoustique fine de 6 voyelles orales du dialecte tunisien. Le calcul des formants a été réalisé par estimation du LPC. Cette méthode classique de détection des formants, reste néanmoins peu précise, ce qui nous a mené à proposer une deuxième altérnative, utilisant

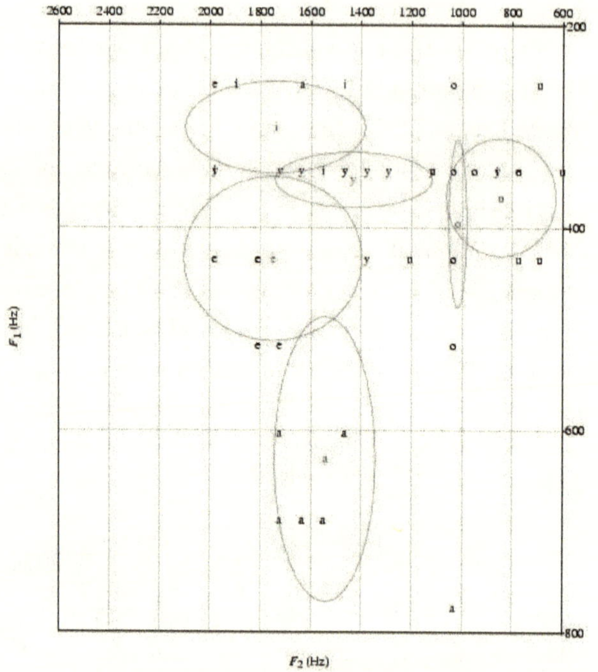

FIGURE 4.28 – *Triangle vocalique obtenu par notre approche la TR*

l'aspect spectrographique, qui est la transformée de Radon. Cette approche permet de détecter les formants directement à partir du spectrogramme. Nous l'avons appliqué sur deux types de corpus. Notre étude a montré des taux de bonnes affectations acceptables pour tous les phonèmes à l'exception du phonème [o]. Nous avons, également, effectué une étude comparative entre les résultats de notre approche (TR) avec les résultats des méthodes intégrées dans Praat pour mettre en évidence l'efficacité de notre approche. Nous avons également obtenue une meilleure concordance avec le triangle vocalique de Hellwag. Les bons résultats obtenus en matière d'extraction des formants

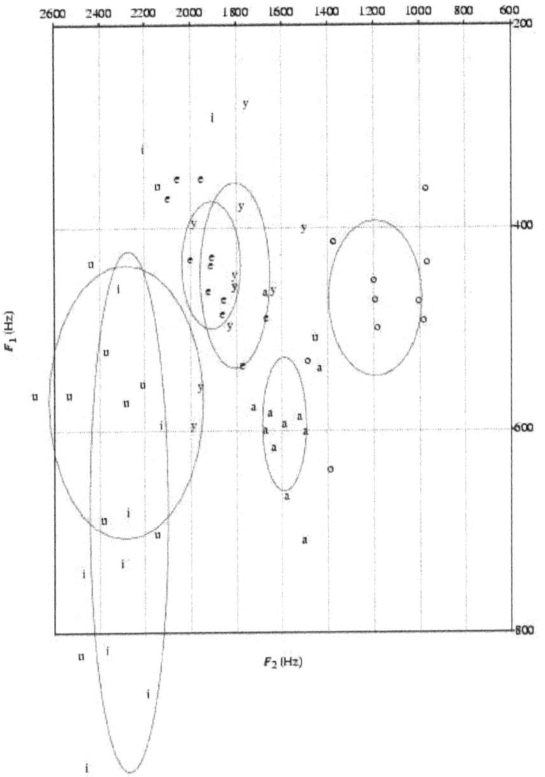

FIGURE 4.29 – *Triangle vocalique obtenu par Praat (LPC)*

sont alloués à deux facteurs : le premier se réfère à l'étape de la pré-
classification qui nous a permis de séparer les zones de transitions des
zones porteuses d'information (les sonorants) et le deuxième est accri-
dité à la technique que nous avons employée pour extraire les formants
à savoir les pics Radon. Les applications en matière d'analyse de la parole , particulièrement au niveaux des voyelles, exigent un niveau de
précision élevé dans la quantification numérique des formants. C'est

grâce à cette précision que le champs d'application peut s'élargir à des études acoustiques variées. Le chapitre suivant apporte une évaluation de la multirésolution et les techniques que nous avons introduits dans l'extraction des formants et une comparaison avec d'autres méthodes existantes.

ÉTUDES COMPARATIVES DE LA MULTIRÉSOLUTION DANS L'ANALYSE DE LA PAROLE

*"l'analyse et la synthèse sont duales : l'une opère sur le signal vocal
et fournit une description dans un espace de représentation -
généralement non temporel - la seconde part de cette description pour
produire le signal."*
Calliope (Calliope 1989, p.256)

Plusieurs approches de traitement de signal, basées sur le principe de la multirésolution, ont été introduites dans plusieurs domaines. Chacune de ces approches a été présentée par un domaine d'application approprié.

Les méthodes de calcul des spectres à multirésolution ainsi que les techniques d'analyse correspondantes diffèrent selon un contexte spécifique. Dans ce chapitre, nous allons présenter une étude comparative afin de situer notre approche par rapport aux méthodes existantes. Afin d'étudier l'apport des spectrogrammes à multirésolution et les techniques que nous avons mis en oeuvre pour l'extraction et l'interprétation du signal vocal, nous avons appliqué une série de méthodes existantes au contexte de l'analyse de la parole. Le champ d'application a été essentiellement orienté vers la détection des zones de transition et la classification en sonorant/constrictive/silence.

5.1 Principes des approches existantes

5.1.1 Approche de Cheung

Cheung & Lim (1991) présentent une méthode pour combiner le spectrogramme à large bande et à bande étroite en évaluant la moyenne géométrique de leurs valeurs de pixels correspondantes.ăLe spectrogramme résultant préserve les caractéristiques visuelles associées à la haute résolution en fréquence et en temps.ă

5.1.2 Approche de Chan

Chan et al. (1999) décrivent une approche de l'utilisation de l'analyse multirésolution (MRA) pour la parole spontanée bruitée et non bruitée d'une conversation téléphonique. Les expériences montrent que l'utilisation du cepstre MRA réduit significativement l'erreur d'insertion par rapport au MFCCs.

5.1.3 Approche de Cancela

Pour les signaux de musique, Cancela et al. (2009) présentent deux algorithmes efficient-constant-Q-transform et la FFT à multirésolution. Ils sont examinés et comparés avec une nouvelle proposition fondée sur l'IIF de filtrage de la FFT. La méthode proposée révèle être un bon compromis entre souplesse de conception et d'effort de calcul réduit. En outre, elle a été utilisée comme une partie d'un algorithme d'extraction de mélodie.

5.1.4 Approche de Dressler

Dans le contexte d'extraction de mélodie, Dressler (2006) s'est intéressé à la description de l'analyse spectrale pour l'extraction des mélodies en se basant sur les spectrogrammes à multirésolution. Cette
approche vise à extraire les composantes sinusoïdales du signal audio. Un calcul des spectres de différentes résolutions de fréquences, a
été effectué, afin de détecter les sinusoïdes stables dans les différents
cadres de la FFT. Les résultats de l'évaluation montrent que l'analyse
multirésolution améliore l'extraction sinusoïdale.

5.1.5 Approche de Shin

Shin et al. (1997) ont réalisé une combinaison de spectrogrammes en
bande large et en bande étroite en calculant la moyenne arithmétique
et géométrique des deux spectres suivie d'une transformation non linéaire et d'un filtrage spatial.

5.2 Caractéristiques des approches exis-
tantes

Le tableau 5.1 résume les caractéristiques des différentes méthodes
que nous avons évaluées. Ces méthodes sont décrites par leur entrée,
le type des données (réel ou entier), le domaine d'application et le type
du signal.

5.2.1 Expérimentation

Nous avons classé les différentes expériences en deux classes :
– **Expérience 1** : Détection des zones de transitions.
– **Expérience 2** : Classification de la parole en Silence / Sonorant /

TABLE 5.1 – *Caractéristiques des approches étudiées.*
Notations : S BL : Spectrogramme à Bande Large. S BE : Spectrogramme à Bande étroite. MRS : Spectrogramme à Multirésolution. M S : Matrice Spectrogramme. I S : Image Spectrogramme.

Méthodes	ENTRÉE	TYPE DES DONNÉES	DOMAINE D'APPLICATION	TYPE DE SIGNAL
S BL 1	M S	Réels	analyse	parole/musique
S BL 2	M S	Réels	analyse	parole/musique
S BE	M S	Réels	analyse	parole/musique
S Dressler	M S	Réels	extraction de mélodies	musique
Approche Cheung M1	I S	Entiers	Résolution Image	parole
Approche Cheung M2	I S	Entiers	Résolution Image	parole
Approche Cheung M3	I S	Entiers	Résolution Image	parole
Approche Chan	Cepstre	Réels	filtrage	conversation téléphonique
Approche Cancela	Spectre	Réels	extraction de mélodies	musique
Approche Shin	Spectre	Réels	médical	rayon gamma
MRS	M S	Réels	analyse	parole

Constrictive.

Ces expérimentations ont été appliquées sur les méthodes explicitées dans le tableau 5.1 et ce dans le but de déceler l'apport des techniques de représentations visuelles de la parole dans l'analyse et l'interprétation des phonèmes. Le corpus Audiocite a été utilisé dans cette phase d'application.

5.2.2 Corpus Audiocite

Le corpus choisi pour cette étude est en français de Belgique prononcé par des locuteurs belges (Audiocite 2011). La fréquence d'échantillonnage est égale à 44.1 kHz, le format wav a été adopté en mono-stéréo. Nous avons évité tous types de filtrage de bruit qui peut dégrader la qualité du signal pour ne pas perdre de l'information.

5.2.3 Pré-traitement

Nous avons calculé les spectrogrammes des différentes approches de
la phrase : "Le soir approchait, le soir du dernier jour de l'année".
Les figures 5.4,5.5, 5.6, 5.7, 5.1, 5.2, 5.3 et 5.9 montrent les résultats
obtenus.

Les spectrogrammes classiques à bande large sont représentés par la
figure 5.1 (fenêtre de taille 128 échantillons) et la figure 5.2 (fenêtre
de taille 512 échantillons). Bien qu'ils permettent de distinguer les
formants dans les basses fréquences et les bruits dans les hautes fréquences, ces spectrogrammes empêchent d'avoir simultanément une
bonne résolution dans les hautes et les basses fréquences.

Les spectrogrammes classiques à bande large traduisent une bonne
résolution en temps et une mauvaise résolution en fréquence. Ce qui
implique que la résolution d'affichage des formants, des voisements et
des bruits de frictions, dans les basses fréquences est moins bonne que
la résolution des explosions dans les hautes fréquences.

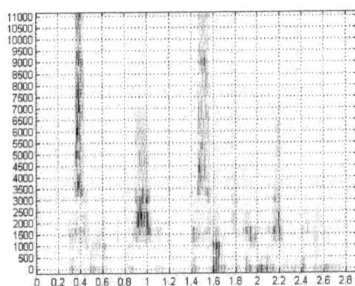

FIGURE 5.1 – *Spectrogramme à bande large (128 échantillons)*

Le spectrogramme classique à bande étroite est représenté par la figure
5.3 (fenêtre de taille 1024 échantillons). Ses propriétés sont à l'inverse
du spectrogramme classique à bande étroite. Bien qu'il met en évidence

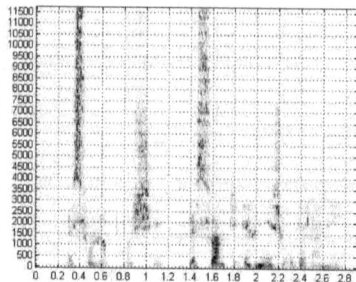

FIGURE 5.2 – *Spectrogramme à bande large (512 échantillons)*

les harmoniques, il reste contraint par sa faible résolution temporelle et ne peut donc fournir une information claire sur les formants.

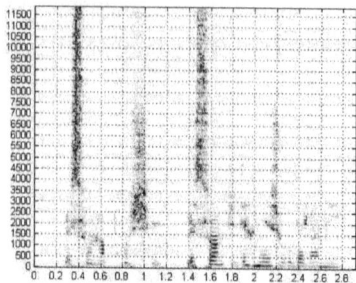

FIGURE 5.3 – *Spectrogramme à bande étroite (1024 échantillons)*

Le spectrogramme de Dressler, comme le montre la figure 5.4, est limité pour une bande de fréquence moyenne (5500 Hz). L'approche de Dressler étant orientée vers des applications pour l'extraction des mélodies en musique, nous l'avons adapté pour le contexte de notre travail à travers un choix de la taille de la fenêtre et du pas de recouvrement. Une analyse visuelle du spectrogramme de Dressler révèle une netteté au niveau des harmoniques, sa limitation aux bandes moyennes des fréquences et sa focalisation sur les harmoniques, rendent difficile son utilisation pour l'analyse de la parole.

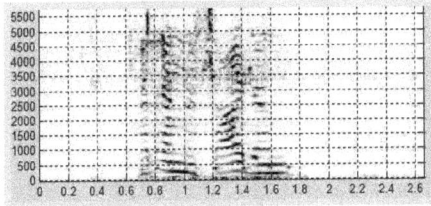

FIGURE 5.4 – *Spectrogramme calculé avec la méthode de Dressler*

Les spectrogrammes de Cheung dont les tailles des fenêtres sont explicitées dans les figures 5.5, 5.6 et 5.7, dérivent d'une représentation pixelique. L'analyse de ces spectrogrammes révèlent leurs capacités de fournir des caractéristiques d'interprétations des phonèmes. Toutefois, la précision apportée par ces spectrogrammes se trouve dégradée du fait qu'ils forment une combinaison entre le spectrogramme à bande large et le spectrogramme à bande étroite. Cette combinaison traduite sous forme d'une moyenne géométrique, apporte une information assez bruitée qui ne facilite pas l'analyse des phonèmes.

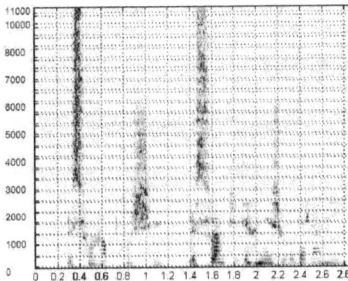

FIGURE 5.5 – *Spectrogramme calculé avec l'approche de Cheung (1024 échantillons et 512 échantillons)*

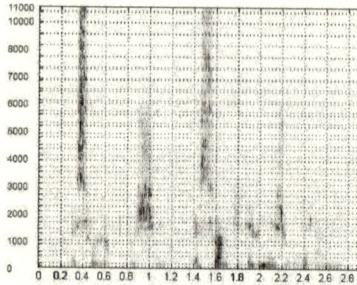

FIGURE 5.6 – *Spectrogramme calculé avec l'approche de Cheung (128 échantillons et 512 échantillons)*

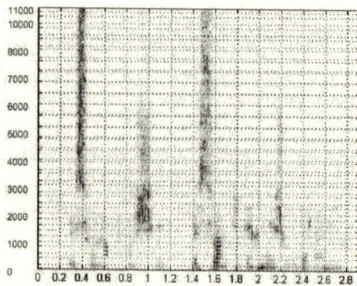

FIGURE 5.7 – *Spectrogramme calculé avec l'approche de Cheung (1024 échantillons et 128 échantillons)*

Le spectrogramme de Shin, illustré dans la figure 5.8, se distingue par sa nettetée du point de vue résolution. Nous l'avons adapté à travers les choix de la taille de la fenêtre et le pas de recouvrement. Une analyse visuelle du spectrogramme de Shin révèle une absence d'information distinctive (formants et harmoniques) dans les basses fréquences rendant ainsi son utilisation pour l'analyse de la parole assez difficile.

Le spectrogramme à multirésolution (MRS) représentant notre approche, est introduit par la figure 5.9. Nous avons appliqué la fenêtre de Hamming (23, 20, 15, 11) ms avec un pas de recouvrement égal à

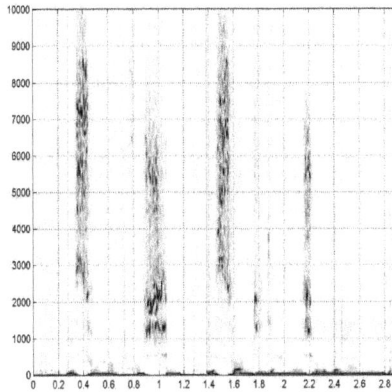

FIGURE 5.8 – *Spectrogramme à multirésolution (app. Shin)*

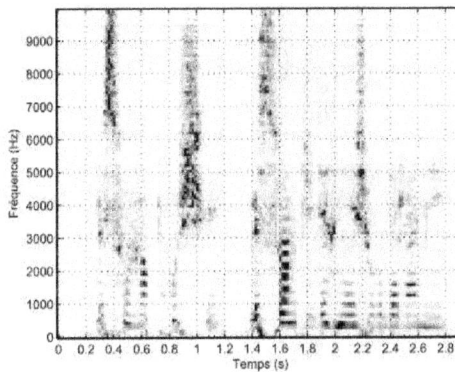

FIGURE 5.9 – *Spectrogramme à multirésolution (MRS)*

75% pour les bandes-limites en Hz [0, 2000, 4000, 7000, 10000]. Une analyse visuelle comparative de ce spectrogramme révèle sa capacité à illustrer le contenu du signal vocal à la fois dans les hautes et basses fréquences. Les formants apparaîssent d'une manière distinctive et facile à repérer. Les bords des barres d'explosion et des bruits de friction sont plus clairs (les limites aux niveaux des extrémités et les limites inférieures). Comparé aux spectrogrammes, mentionnés précédemment, le MRS s'avère une représentation du signal vocal capable de dégager le contenu de l'information dans les hautes et basses fréquences et de faciliter l'analyse de la parole. Le tableau 5.2 décrit les données qui peuvent être extraites à partir du spectrogramme résultant des différentes méthodes. Notations :

TABLE 5.2 – *Extraction des données*

Données	Spectg à BL	Spectg à BE	Cheung	Dressler	Cancela	Shin	MRS
harmoniques		x		x	x	+	+
formants	x		x			+	+
Limites inf explosion		x	x			x	x
Limites inf bruit de friction		x	x			x	x
explosion	x		x			x	x
Bruit de friction	x		x			x	x
Netteté Image résultat	x	x		x	x	x	x
Contexte analyse	x	x	x	x	x		x

Contexteăanalyse : détection des zones de transitions et classification en silence/sonorant/constrictive si Fmax>5000Hz.

Le "x" désigne "ET".

Le "+" désigne "OU".

BL : Bande large.

BE : Bande étroite.

MRS : Spectrogramme à Multirésolution calculé par notre approche. Ce tableau récapitule les caractéristiques des différents spectrogrammes étudiés et leurs compatibilité avec le contexte de l'analyse de la parole. Le champ d'application des représentations des spectrogrammes étudiés et leurs méthodes de calcul marquent des limites d'exploitation pour l'analyse. Les spectrogrammes à multirésolution (MRS) que nous avons introduit, dégagent un champ plus large dans la distinction des différentes catégories des phonèmes.

5.2.4 Expérience 1 : Détection des zones de transitions

Le diagramme 5.10 illustre les différentes étapes de la première expérience pour la détection des zones de transitions.

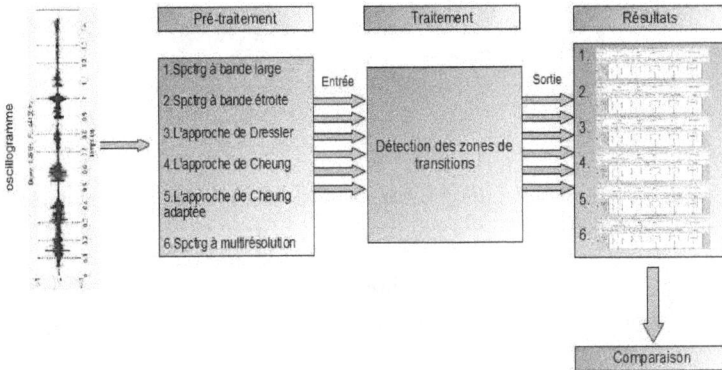

FIGURE 5.10 – *Diagramme illustrant les étapes de l'expérience 1 : Détection des zones de transitions*

Les résultats de la détection des zones de transitions sont présentés sous forme de pics du graphe de la variation de l'IQR en fonction du nombres de trames des spectrogrammes. La sélection des pics a été réalisée en appliquant les règles définits dans le chapitre 3.

5.2.2.1 Spectrogramme à bande large

Les figures 5.11 et 5.12 présentent la variation de l'IQR en fonction du nombre de trames des spectrogrammes classiques à bande large (256 échantillons et 512 échantillons).

La figure 5.11 montre qu'il s'avère très difficile de distinguer les pics représentant les zones de transition dans le cas du spectrogramme à bande large dont sa fenêtre est de petite taille (256 échantillons). Le taux de détection des zones de transition, dans ce cas, est de 20%.

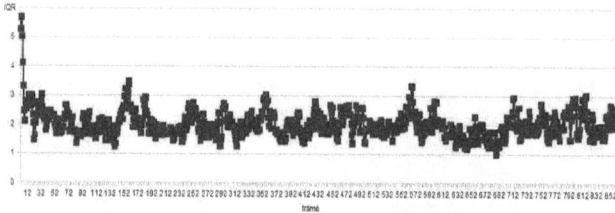

FIGURE 5.11 – *Diagramme illustrant la variation de l'IQR en fonction du nombre de trames pour la détection des zones de transitions (256 éch).*

La figure 5.12 illustre une amélioration pour la distinction des pics représentant les zones de transition dans le cas du spectrogramme à bande large dont la fenêtre est de taille moyenne (512 échantillons). Le taux de détection de ces zones de transition reste néanmoins faible et est égal à 33.3%.

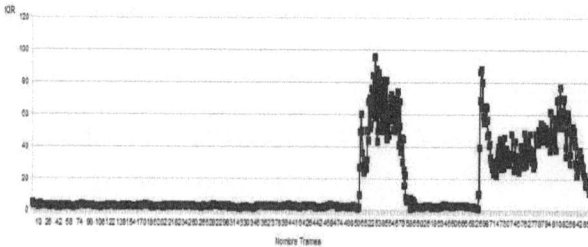

FIGURE 5.12 – *Diagramme illustrant la variation de l'IQR en fonction du nombre de trames pour la détection des zones de transitions.*

5.2.2.2 Spectrogramme à bande étroite

La figure 5.13 présente la variation de l'IQR en fonction du nombre de trames pour la détection des zones de transitions pour le spectrogramme classique à bande étroite (1024 échantillons). Dans ce graphe, les pics sont apparents et correspondent bien aux zones de transition du mot prononcé. Le taux de détection de ces zones de transition est égal à 60%.

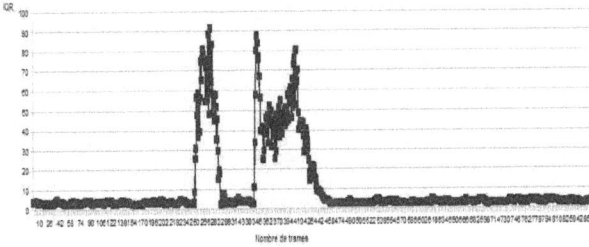

FIGURE 5.13 – *Diagramme illustrant la variation de l'IQR en fonction du nombre de trames pour la détection des zones de transitions pour le spectrogramme classique à bande étroite (1024 échantillons).*

5.2.2.3 Approche de Dressler

La figure 5.14 présente la variation de l'IQR en fonction du nombre de
trames pour la détection des zones de transitions du spectrogramme à
multirésolution estimé par l'approche de Dressler. Les pics représentant les zones de transition sont bien distincts. Le taux de détection
des zones de transition est de 67%.

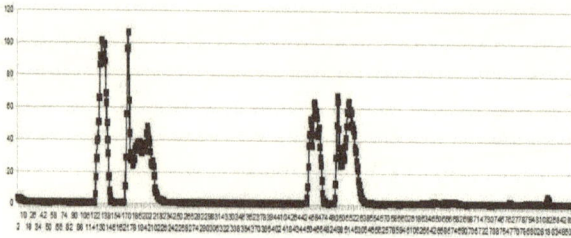

FIGURE 5.14 – *Variation de l'IQR en fonction du nombre de trames pour la détection des zones de transitions pour le spectrogramme à multirésolution estimé par
l'approche de Dressler.*

5.2.2.4 Approche de Cheung

Les figures 5.15, 5.16 et 5.17 présentent la variation de l'IQR en fonction du nombre de trames pour la détection des zones de transition
pour les images des spectrogrammes à multirésolution résultants de
la combinaison, respectivement, du spectrogramme à large bande (128
échantillons) et à bande étroite (512 échantillons), du spectrogramme à
large bande (128 échantillons) et à bande étroite (1024 échantillons) et
du spectrogramme à large bande (512 échantillons) et à bande étroite
(1024 échantillons).

La figure 5.15 illustre un ensemble de pics dont la correspondance aux
zones de transition reste faible dans le cas du spectrogramme M1 (128

éch. - 512 éch.). Le taux de détection des zones de transition est faible et est de l'ordre de 30%. La figure 5.16 montre une amélioration lors

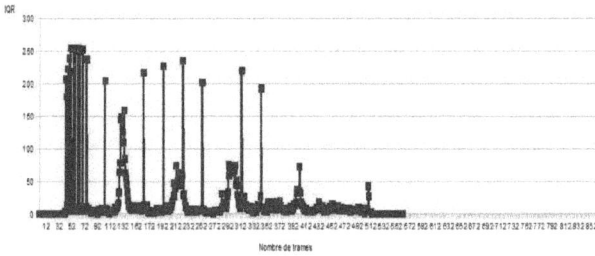

FIGURE 5.15 – *Variation de l'IQR en fonction du nombre de trames pour la détection des zones de transitions pour le spectrogramme résultat de la combinaison du spectrogramme à large bande (128 échantillons) et à bande étroite (512 échantillons).*

de détection des pics correspondants aux zones de transition dans le cas du spectrogramme M2 (128 éch. - 1024 éch.). Le taux de détection de ces zones de transition reste moyen et est égal à 50%.

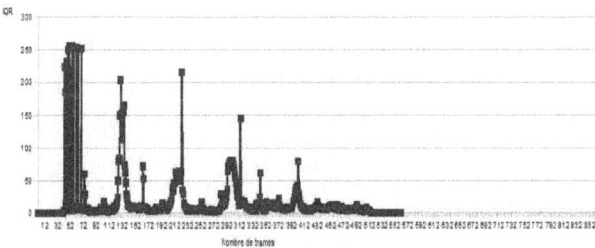

FIGURE 5.16 – *Variation de l'IQR en fonction du nombre de trames pour la détection des zones de transitions pour le spectrogramme résultat de la combinaison du spectrogramme à large bande (128 échantillons) et à bande étroite (1024 échantillons).*

La figure 5.17 représente une bonne détection des pics correspondants aux zones de transition dans le cas du spectrogramme M3 (512 éch. - 1024 éch.). Le taux d'erreur est plus faible que celui des spectrogrammes M1 et M2. Ce qui donne un taux de détection des zones de transition égal à 60%.

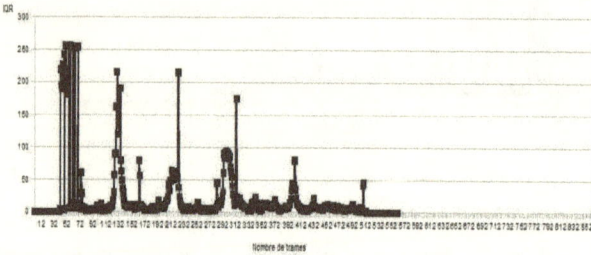

FIGURE 5.17 – *Variation de l'IQR en fonction du nombre de trames pour la détection des zones de transitions pour le spectrogramme résultat de la combinaison du spectrogramme à large bande (512 échantillons) et à bande étroite (1024 échantillons).*

5.2.2.5 Spectrogramme à multirésolution

La figure 5.18 présente la variation de l'IQR en fonction du nombre de trames pour la détection des zones de transitions dans le cas du spectrogramme à multirésolution estimé par notre approche. Les pics se distinguent bien dans le graphe 5.18 et correspondent aux trames de transition du mot prononcé. Ceci implique une minimisation du taux d'erreur lors de la détection de ces zones. Ce qui donne un taux de détection des zones de transition égal à 84%.

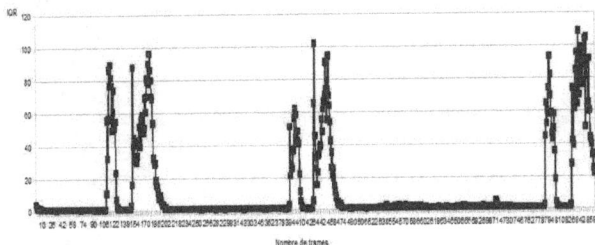

FIGURE 5.18 – *Diagramme illustrant la variation de l'IQR en fonction du nombre de trames pour la détection des zones de transitions pour le spectrogramme à multi-résolution estimé par notre approche.*

5.2.5 Expérience 2 : Classification de la parole en Silence/ Sonorant/ Constrictive

Pour l'ensemble des méthodes étudiées nous avons appliqué notre deuxième classifieur qui vise à séparer entre les classes silence, sonorant et constrictive. Les différentes étapes de cette deuxième expérience sont résumées dans le diagramme 5.19.

La phase de pré-traitement est réservée pour le calcul des spectrogrammes. La phase de traitement correspond à la classification d'un ensemble de trames en silence, sonorant et constrictive. Le résultat est fourni sous forme de graphe montrant la variation de la probabilité calculée avec l'anova. La classification a été réalisée en appliquant l'ensemble des règles de décision détaillées dans le chapitre 3.

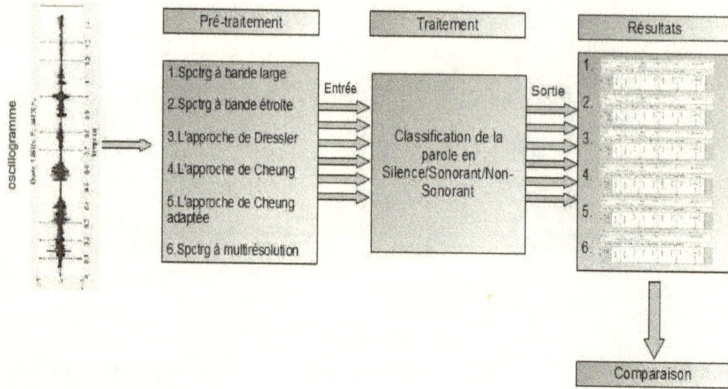

FIGURE 5.19 – *Diagramme illustrant les étapes de l'expérience 2, classification de la parole en Silence/Sonorant/Constrictive*

5.2.3.1 Spectrogramme à bande large

Les figures 5.20 et 5.21 présentent la variation de la probabilité p de l'anova en fonction du nombre de trames pour la classification dans le cas des spectrogrammes classiques à bande large (256 échantillons et 512 échantillons).

Ces figures illustrent la dispersion d'un ensemble de points dont la distribution aux alentours de 1 indique l'appartenance à la classe des silences, aux alentours de 0, l'appartenance à la classe des constrictives et au milieu l'appartenance à la classe des sonorants. Dans cet exemple, la distribution se concentre par erreur sur les silences, ce qui évoque un taux d'erreur de classification élevé.

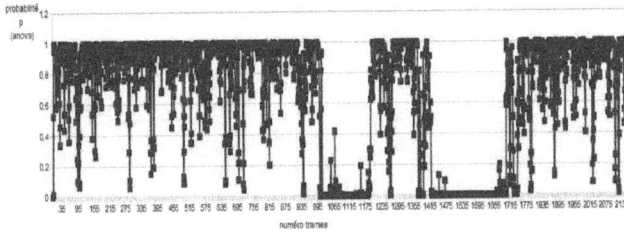

FIGURE 5.20 – *Variation de la probabilité p de l'anova (bande large, 256 éch.)*

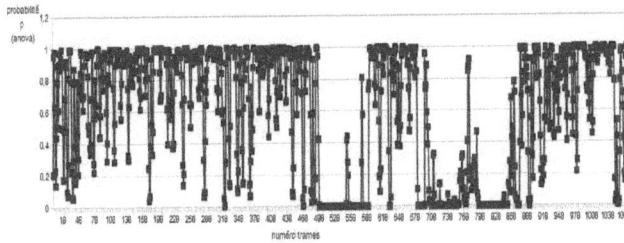

FIGURE 5.21 – *Variation de la probabilité p de l'anova (bande large, 512 éch.)*

Les taux de classification pour le spectrogramme à bande large, dont la taille de la fenêtre est égale à 256 échantillons, s'élèvent à 64% pour la classe des silences, 65% pour les sonorants et 40% pour les constrictives. Quand on augmente la taille de la fenêtre à 512 échantillons, les taux de classification marquent une petite amélioration pour la détection des silences soit 70% et un abaissement des taux pour les sonorants 40% et pour les constrictives 33%.

5.2.3.2 Spectrogramme à bande étroite

La figure 5.22 montre, dans le cas du spectrogramme classique à bande étroite (1024 échantillons), la variation de la probabilité p de l'anova en fonction du nombre de trames pour la classification en silence, sonorant et constrictive.

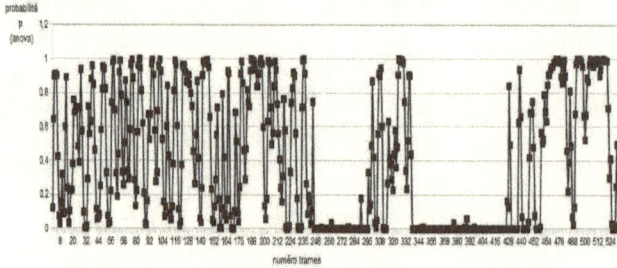

FIGURE 5.22 – *Variation de la probabilité p de l'anova (bande étroite, 1024 éch.)*

La distribution de la probabilité p de l'anova est marquée par la dispersion des points de la figure 5.22. Aux alentours de 1, les trames sont classées comme étant des silences. Aux alentours de 0, elles sont considérées comme étant des constrictives et aux milieux, elles appartiennent à la classe des sonorants. Les taux de classifications pour le spectrogramme à bande étroite, dont la taille de la fenêtre est égale à 1024 échantillons, s'élèvent à 65% pour la classe des silences, 60% pour les sonorants et 33% pour les constrictives.

5.2.3.3 Approche de Dressler

La variation de la probabilité p de l'anova, dans le cas du spectrogramme à multirésolution estimé par l'approche de Dressler, est illustré dans la figure 5.23.

La figure 5.23 montre un exemple de la distribution de probabilité p de l'anova. Les taux de classifications dans le cas du spectrogramme estimé par l'approche de Dressler, sont de l'ordre de 75% pour la classe des silences, 67% pour les sonorants et 67% pour les constrictives.

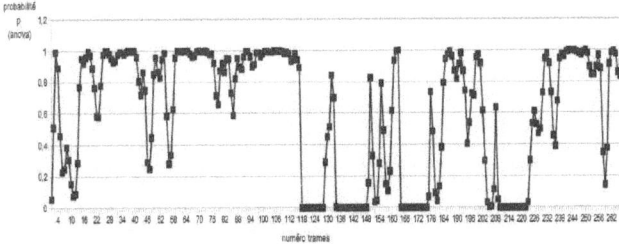

FIGURE 5.23 – *Variation de la probabilité p de l'anova (approche de Dressler)*

5.2.3.4 Approche de Cheung

Les figures 5.19, 5.25 et 5.26 présentent la variation de la probabilité p de l'anova pour les images des spectrogrammes à multirésolution résultants de la combinaison, respectivement, du spectrogramme à large bande (128 échantillons) et à bande étroite (512 échantillons), du spectrogramme à large bande (128 échantillons) et à bande étroite (1024 échantillons) et du spectrogramme à large bande (512 échantillons) et à bande étroite (1024 échantillons).

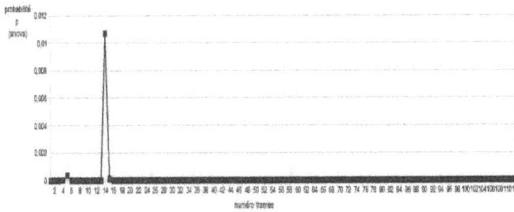

FIGURE 5.24 – *Variation de la probabilité p de l'anova (App. de Cheung, combinaison de 128 éch. / 512 éch.)*

Ces figures illustrent la distribution de la probabilité p de l'anova en fonction des trames. L'information de la classification est presque introuvable dans ces exemples. Ce qui marque un très faible taux de

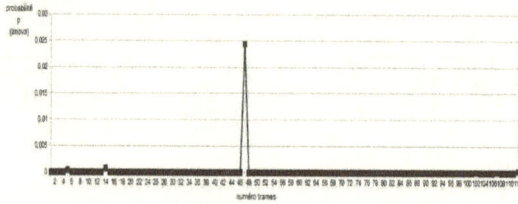

FIGURE 5.25 – *Variation de la probabilité p de l'anova (App. de Cheung, combinaison de 128 éch. / 1024 éch.)*

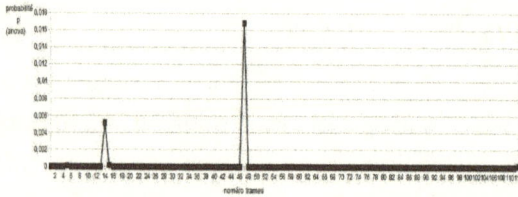

FIGURE 5.26 – *Variation de la probabilité p de l'anova (App. de Cheung, combinaison de 512 éch. / 1024 éch.)*

classification pour toutes les classes et pour les trois spectrogrammes. Les taux de classification pour les silences sont entre 20% et 27%. Pour les sonorants, ils sont de l'ordre de 34% et pour les constrictives entre 35% et 38%.

5.2.3.5 Spectrogramme à multirésolution

La figure 5.27 présente la variation de la probabilité p de l'anova en fonction du nombre de trame pour la classification des phonèmes en silence, sonorant et constrictive dans le cas du spectrogramme à multirésolution (MRS) estimé par notre approche. Le MRS marque une nette amélioration des taux de classification pour les silences, les sonorants et les constrictives. Cette amélioration est illustrée dans la figure

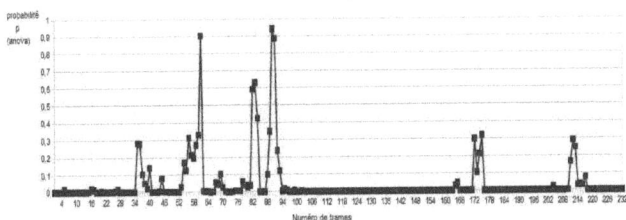

FIGURE 5.27 – *Variation de la probabilité p de l'anova (MRS)*

5.27 puisque la distribution des points représentant la probabilité p de l'anova est relativement homogène par rapport au signal vocal présenté. Les taux sont de l'ordre de 77% pour les silences, 80% pour les sonorants et 75% pour les constrictives.

5.3 Discussion

Le premier classifieur permet la détection des zones de transitions sur le spectrogramme en étudiant la variation de l'IQR en fonction des nombres de trames. Cette variation a été présentée sous forme de graphique dont les pics significatifs ont été détectés en appliquant les règles définies dans le chapitre 3.

La table 5.3 et la figure 5.28 résument les taux de détection obtenus après la phase d'expérimentation réalisée. Il s'avère très difficile de distinguer les pics représentant les zones de transition dans le cas du spectrogramme à bande large SBL1 et SBL2 dont les taux de détection ne dépassent pas les 50%. Des résultats similaires ont été obtenus lors de l'exploitation de l'approche de Cheung M1 et M2. Ceci est dû à la résolution limitée du spectrogramme résultant. Des taux de détection moyennes caractérisent le spectrogramme à bande étroite SBE et le spectrogramme de l'approche de Cheung M3 dont le taux s'élève à 60%.

Les approches de Dressler, Cancela et Shin donnent des résultats de
détection proches de ceux de notre approche MRS. Les taux de détection des zones de transition s'élèvent jusqu'à 74% pour l'approche de
Shin. Ces bons résultats sont dû essentiellemet à l'amélioration apportée par ces approches du point de vue de la netteté et de la résolution.
Néanmoins, notre approche MRS fournit un meilleur résultat avec un
taux de détection de 84%. Ce taux consolide la pertinence de notre
approche ainsi que sa précision lors de l'affichage des zones d'énergie
caractérisant les phonèmes dans le spectrogramme MRS.

TABLE 5.3 – *Détection des zones de transition*

Résultats	% DÉTECTION
S BL 1	20
S BL 2	33.3
S BE	60
S Dressler	67
Approche Cheung M1	30
Approche Cheung M2	50
Approche Cheung M3	60
Approche Cancela	65
Approche Shin	74
MRS	84

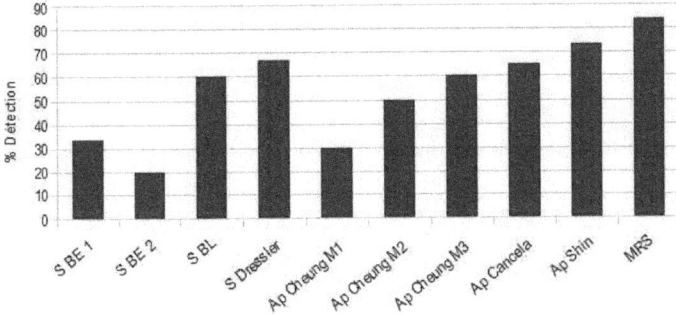

FIGURE 5.28 – *Expérience 1 : Détection des zones de transition.*

Le deuxième classifieur permet la classification de la parole en trois classes silence, sonorant et constrictive sur le spectrogramme en étudiant la dispersion de la probabilité p de l'anova en fonction des nombres de trames. Cette distribution a été présentée sous forme de graphique dont l'ensemble des points apparents aux alentours de 1 indique l'appartenance à la classe des silences, aux alentours de 0, indique l'appartenance à la classe des constrictives et au milieu l'appartenance à la classe des sonorants.

La table 5.4 et la figure 5.29 montrent les taux de classification obtenus après la phase d'expérimentation réalisée. Il s'avère très difficile de classer correctement un ensemble de trames dans le cas de l'approche de Cheung M1, M2 et M3. Ceci est dû à la qualité du spectrogramme résultant. Les taux de classification ne dépassant pas les 38%. Dans le cas des spectrogrammes classiques à bande large SBL1 et SBL2 et à bande étroite SBE, les taux de classification sont considérés assez moyen voire médiocre pour certaines classes. Ils varient entre 33% pour la classe des constrictive et 70% pour la classe des silences.

Les résultats de classification des approches de Dressler, Cancela et

Shin s'avèrent très proches de ceux de notre approche MRS. Ces taux de classification varient entre 64% pour la classe des sonorants dans le cas de l'approche de Cancela et 75% dans le cas de la classe des silences pour les approches de Dressler et de Shin. Ces résultats sont dûs essentiellemet à l'amélioration apportée par ces approches du point de vue de la netteté et de la résolution.

Toutefois, notre approche MRS révèle un meilleur taux de classification allant jusqu'à atteindre les 80% dans le cas des sonorants. Ce taux expérimental soutient l'apport théorique de la représentation en multirésolution et sa faculté à faire ressortir les zones d'énergies pour les phonèmes.

TABLE 5.4 – *Classification de la parole en Silence/ Sonorant/ Constrictive*

Résultats	% SILENCE	% SONORANT	% CONSTRICTIVE
S BL 1	64	65	40
S BL 2	70	40	33
S BE	65	60	33
S Dressler	75	67	67
Approche Cheung M1	20	30	35
Approche Cheung M2	25	34	37
Approche Cheung M3	27	37	38
Approche Cancela	76	64	70
Approche Shin	75	66	67
MRS	77	80	75

Légende de la figure 5.29 :

– couleur bleue représente le silence,

– oranger pour le sonorant,

– jaune pour le constrictive.

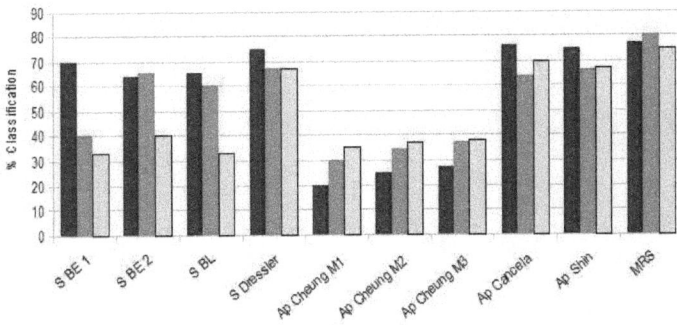

FIGURE 5.29 – *Expérience 2 : Classification de la parole en silence/sonorant/constrictive.*

CONCLUSION

Dans ce travail, nous avons proposé plusieurs méthodes permettant une étude fine du signal vocal dans le domaine temps/fréquence.

Notre premier apport consiste en une amélioration du spectrogramme classique, tout en conservant les avantages du spectrogramme à bande large et du spectrogramme à bande étroite et de les exploiter dans le cadre d'une même représentation. Il s'agit, en effet, du spectrogramme à multirésolution. Nous avons introduit la démarche théorique à suivre pour la réalisation de ce calcul.

Notre deuxième apport consiste en une analyse fine du signal vocal basée sur une pré-classification de trames extraites des spectrogrammes (classiques et à multirésolution). Nous avons proposé deux classifieurs pour cette analyse. Le premier vise à identifier les zones de transitions des zones porteuses d'information. Le second classifieur est orienté pour la séparation d'un groupement de trames porteuses d'information en sonorant, constrictive et silence.

Notre troisième apport réside dans la réalisation d'une étude acoustique des voyelles orales. Plusieurs travaux ont été orientés vers les voyelles afin de réaliser des études acoustiques, phonétiques, phonologiques ou articulatoires. Notre contribution est basée sur une classification à priori des trames du signal vocal et accompagnée par un système d'extraction des formants basée sur la transformée de Radon. Au niveau applicatif, nous avons choisi le dialecte tunisien (DT).

La validation de nos méthodes a été présentée sur plusieurs niveaux. Nous avons présenté et testé les performances de notre approche pour les deux classifieurs sur 3 types de corpus. La diversification des corpus vise à étudier l'impact de la langue, les accents et les conditions d'enregistrement dans la qualité des résultats fournis. Nous avons montré que les résultats de classification basée sur l'analyse du MRS demeurent meilleurs que ceux de l'analyse classique spectrale et d'autres méthodes existantes de représentation multirésolution que nous avons étudié. Nous avons également montré que la détection automatique en Silence/Sonorant/Constrictive basée sur la MRS fournit des résultats meilleurs par la méthode d'ANOVA que par les méthodes classiques utilisant l'écart type et la moyenne.

Une deuxième étude comparative a été réalisée au niveau acoustique des voyelles orales du DT. Nous avons comparé nos résultats expérimentaux avec ceux de Calliope (1989). Les résultats obtenus montrent que les locuteurs tunisiens, qui ont participé à cette étude, prononcent les voyelles [a], [ø], [i], [e], [u] et [o] de la même façon en dialecte tunisien et en français. Notre analyse des résultats obtenus a montré, aussi, que la prononciation de ces voyelles est influencée par la langue française puisque les valeurs des formants des voyelles du DT sont assez proche des valeurs de Calliope. Nous avons remarqué aussi qu'il y a confusion de prononciation des voyelles [a] et [ɛ] qui sont, dans certains contextes, prononcées de la même façon.

Nous avons effectué aussi une troisième étude comparative entre les résultats fournis par le logiciel Praat (Boersma & Weenink 2001; 2010) utilisant une technique classique d'extraction des formants LPC et notre méthode d'extraction des formants basée sur la TR. Cette étude montre que notre approche donne un meilleur regroupement des formants F1 et F2 dans les bandes de fréquences associées à chaque type de voyelles et une meilleure concordance avec le triangle vocalique de Hellwag.

La quatrième étude comparative réalisée, nous a permis d'étudier l'apport des spectrogrammes à multirésolution (MRS) par rapport aux autres techniques existantes. Le champ d'application a été essentiellement orienté vers la détection des zones de transition et la classification en sonorant/constrictive/silence que nous avons mis en oeuvre pour l'extraction et l'interprétation du signal vocal. Nous avons appliqué une série de méthodes existantes au contexte de l'analyse de la parole. Cette étude a montré qu'il existe des approches qui donnent des résultats de détection proches de ceux de notre approche MRS. Néanmoins, notre approche MRS fournit un meilleur résultat pour les deux classifieurs. Ce résultat consolide la pertinence de notre approche ainsi que sa précision lors de l'affichage des zones d'énergie caractérisant les phonèmes dans le spectrogramme MRS.

Nous avons également développé un outil de travail qui nous a permis de réaliser la partie applicative. Il s'agit de notre système d'Analyse Visuelle de la Parole VASP dont les volets fonctionnels s'articulent essentiellement au niveau du calcul et de l'analyse spectrographique du signal vocal se basant sur notre approche MRS. VASP a été mis en oeuvre sous GUI Matlab.

Pour conclure, malgré la grande diversité de nos corpus (tailles et langages) et les différentes applications réalisées, le principe de la multirésolution pour l'amélioration du spectrogramme classique demeure pertinent. Il a permis de consolider des résultats acceptables et exploitables, dans le contexte de notre étude, et ce par rapport aux méthodes de multirésolution existantes et les approches classiques.

Comme perspectives, nous souhaitons étendre l'étude acoustique déjà réalisée à l'arabe littéraire. Nous avons déjà enregistré notre corpus prononcé par quatre locuteurs tunisiens et cinq locutrices tunisiennes. Le but étant d'étudier la dispersion des six voyelles [a], [ɛ], [i], [e], [u] et [o] dans le plan $F1/F2$ et de la comparer avec la dispersion des trois voyelles courtes et des trois voyelles longues de l'arabe littéraire classique. Étendre l'étude acoustique des voyelles aux autres langues telle que l'arabe ou l'anglais demeure insuffisant pour la réalisation des études approfondies des langues et des locuteurs. Nous souhaitons donc, pouvoir étudier et analyser les constrictives et les sonorants en exploitant la MRS et la transformée de Radon pour la localisation des zones d'énergies intenses sur le spectrogramme. Ces analyses fines peuvent apporter une amélioration lors de la détection des pathologies Laryngales qui classiquement s'effectue sur les spectres à court terme. Aussi, elles peuvent offrir via notre système VASP un moyen performant pour l'apprentissage des langues étrangères et ce en offrant à l'apprenti un outil visuel de la parole. Nous pensons, aussi, qu'il demeure intéressant d'étudier le réassignement spectral (Auger et al. 1995, Hlawatsch et al. 2003) ainsi que la lambdagramme qui est une représentation de type spectrographique dans le plan temps-fréquence instantanné (Demars 1991; 1992; 2005). Ces deux études nous permetteront de les comparer avec notre méthode d'analyse spectrographique à multirésolution afin de voir les limites de chacune des trois approches.

BIBLIOGRAPHIE

A. S. Abramson & L. Lisker (1965). 'Voice Onset Time in Stop Consonants : Acoustic analysis and Synthesis'. In *Rapports du 5ème Congrès Intl. d'Acoustique*, vol. Ia. (Cité pages 9 et 16.)

W. A. Ainsworth, et al. (1998). 'Improving pitch estimation with short duration speech samples'. In *ICSLP*, pp. 1363–1366, Sydney, Australia. (Cité page 25.)

M. Al-Zabibi (1990). *An Acoustic Phonetic Approach in Automatic Arabic Speech Recognition*. The British Library in Association with UMI. (Cité page 88.)

N. Annabi-Elkadri (2010). 'Spectral Analysis of Vowels /a/ and /E/ in Tunisian Context'. In *2010 International Conference on Audio, Language and Image Processing*, no. CFP1050D-ART in 978-1-4244-5856-1, pp. 1771–1775, Shanghai. IEEE/IET. (Cité page XVI.)

N. Annabi-Elkadri & A. Hamouda (2011a). 'Analyse Spectrale des voyelles /a/ et /E/ dans le contexte tunisien'. In *Actes des IXe Rencontres des Jeunes Chercheurs en Parole RJCP*, pp. 1–4. Université Stendhal, Grenoble. (Cité page XVI.)

N. Annabi-Elkadri & A. Hamouda (2011b). 'Automatic Silence/Sonorant/Non-Sonorant Detection based on Multi-resolution Spectral Analysis and ANOVA Method'. In *International Conference on Instrumentation, Measurement, Circuits and Systems (icimcs) : International Workshop on Future Communication and Networking*, vol. 1, pp. 283–288, Hong Kong. IEEE. (Cité page XV.)

N. Annabi-Elkadri & A. Hamouda (2011c). 'The Multiresolution Spectral Analysis for Automatic Detection of Transition Zones'. *International Journal of Advanced Science and Technology* **36** :95–110. (Cité page XV.)

N. Annabi-Elkadri, et al. (2012). *Speech Enhancement, Modeling and Recognition- Algorithms and Applications*, vol. chap. 4 of *979-953-307-620-0*, chap. Multiresolution Spectral Analysis of Vowels in Tunisian Context, pp. 51–68. INTech. (Cité page XVI.)

Y. Aubry (2004). 'Logiciel de traitement de la parole et d'aide àă l'enseignement et àă l'apprentissage de la prosodie : application au breton'. Master's thesis, D.R.T. d'ingénierie mention informatique, Université du Maine, Département informatique. (Cité page 28.)

Audiocite (2011). 'Belgian French Corpus'. (Cité pages 72, 76 et 128.)

F. c. Auger, et al. (1995). 'Time-Frequency Toolbox For Use with MATLAB'. (Cité pages 24, 25 et 156.)

L. Baghai-Ravary, et al. (1996). 'The two-dimensional discrete cosine transform applied to speech data'. In *Proceedings of the IEEE conference ICASSP-96, Atlanta,*, pp. 244–247. (Cité pages 22 et 24.)

R. J. Baken & R. F. Orlikoff (2000). *Clinical Measurement of Speech and Voice*. Singular Publishing Group. (Cité page 7.)

S. Baloul (2003). *Développement dŠun système automatique de synthèse de la parole à partir du texte arabe standard voyellé*. Ph.D. thesis, Université de Maine, Le Mans,. (Cité page 89.)

L. Baqué (2004). 'Analyse de l'interlangue de productions phoniques déviantes : un préalable pour la programmation de correction phonétique'. In *Actes du VI Congrès International de Linguistique Française. Universidad de Granada, Granada*. (Cité page 7.)

M. Barva (2003). *Utilisation de la transformée de Radon pour la localisation de micro-outils chirurgicaux dans une image échographique*.

DEA Images et Systèmes, Institut National des Sciences Appliquées Ű INSA de Lyon Centre de Recherche et d'Applications en Traitement de l'Image et du Signal Ű CREATIS. (Cité page 108.)

M. Basseville, et al. (1992). 'Signaux non stationnaires. Analyse temps-fréquence et segmentation.'. *Traitement du Signal* **9** (**Supplément**)(1) :77–147. (Cité page 21.)

S. Basu & S. Maes (1998). 'Wavelet-based energy binning cepstral features for automatic speech recognition'. In *ICSLP*, pp. 2267–2670. (Cité page 22.)

A. G. Bell (1907). *The Mechanism of Speech*. Volta Bureau, Washington, D. C. (Cité page 1.)

F. Bell-Berti & K. S. Harris (1979). 'Anticipatory coarticulation : Some implications from a study of lip rounding'. *The Journal of the Acoustical Society of America* **65**(5) :1268–1270. (Cité page 16.)

F. Bell-Berti & K. S. Harris (1982). 'Temporal patterns of coarticulation : Lip rounding'. *The Journal of the Acoustical Society of America* **71**(2) :449–454. (Cité page 16.)

M. Bellanger (1998). *Traitement Numérique du Signal*. Dunod, Paris, France. (Cité page 26.)

D. Ben-Tzvi & M. Sandler (1990). 'A combinatorial Hough transform'. *Pattern Recognition Letters* . :167–174. (Cité page 26.)

A. H. Benade (1976). *Fundamentals of musical acoustics*. Oxford University Press, London. (Cité pages 11, 94 et 179.)

A. Benguerel & H. Cowan (1974). 'Coarticulation of upper lip protrusion in French'. *Phonetica* **30**(1) :41–55. (Cité page 16.)

K. Berkling & E. Barnard (1994). 'Language Identification of six Languages Based on a Common Set of Broad Phonemes'. In *Proc. ICSLP*, Yokohama. (Cité page 24.)

I. J. Blanc (2001). 'Sonorité et voisement en parole pathologique'. In *TiPS*, vol. 31, pp. 11–21. (Cité page 9.)

I. Bloch (2010). 'Reconstruction d'images de tomographie'. Telecom ParisTech. (Cité page 108.)

S. E. Blumstein & K. N. Stevens (1979). 'Acoustic invariance in speech production : Evidence from measurements of the spectral charcteristics of stop consonants'. *Journal Acoustica Society of America* **66** :1001–1017. (Cité pages 17 et 32.)

J.-L. Boe, et al. (1999). 'De l'évaluation des systèmes de vérification du locuteur àǎ la mise en cause des expertises vocales en identification juridique'. *Langues* **2** **(4)** :270–288. (Cité page 27.)

P. Boersma & D. Weenink (2001). 'PRAAT, a system for doing phonetics by computer'. *Glot International* **5(9/10)** :341–345. (Cité pages 12, 154 et 199.)

P. Boersma & D. Weenink (2010). 'Praat : doing phonetics by computer (Version 5.2.10) [Computer program]'. Tech. rep., Institut de Phonétique dŠAmsterdam. (Cité pages 12, 154 et 199.)

R. Boite, et al. (2000). *Traitement de la parole*. ISBN 2-88074-388-5. Presses Polytechniques et Universitaires Romandes. (Cité pages 1, 2, 3, 42 et 120.)

J. Bonastre, et al. (2005). 'The ester Phase II Campaign for the Rich Transcription of French Broadcast News'. In *Eurospeech Interspeech, Lisboa*. (Cité page 27.)

J.-F. Bonastre, et al. (2003). 'Authentification des personnes par leur voix : un nécessaire devoir de précaution'. In *Eurospeech*. (Cité page 27.)

M. Bourdeau (2002). *Une Anova type àǎ un facteur de classification*. École Polytechnique de Montréal. (Cité pages 68 et 69.)

C. Bouveyron (2006). *Modélisation et classification des données de grande dimension application à l'analyse d'images.* Ph.D. thesis, Université Joseph Fourier. (Cité page 59.)

S. E. Boyce (1990). 'Coarticulatory organization for lip rounding in Turkish and English'. *The Journal of the Acoustical Society of America* **88**(6) :2584–2595. (Cité page 16.)

J. Bradbury (2000). 'Linear Predictive Coding'. (Cité pages 184, 185 et 187.)

B. Caillaud (1995). 'Image numérique des sons'. In *INRP/CNAM Images numériques dans l'enseignement des sciences.* (Cité page 27.)

B. Caillaud & M. Leriche (1999). 'Analyse Sonagraphique et Aspects de la Phonétique appliquée'. *Revue de l'EPI* **93 Analyse Sonagraphique** :57–72. (Cité page 28.)

Calliope (1989). *La parole et son traitement automatique.* collection technique et scientifique des télécommunications, MASSON et CENT-ENST, Paris, ISBN :2-225-81516-X, ISSN : 0221-2579. (Cité pages XVII, 3, 6, 10, 11, 12, 18, 32, 34, 35, 38, 39, 42, 47, 96, 102, 103, 104, 107, 120, 125, 154 et 180.)

P. Cancela, et al. (2009). 'An efficient multi-resolution spectral transform for music analysis'. In *10th International Society for Music Information Retrieval Conference (ISMIR 2009)*, pp. 309–314. (Cité pages 46 et 126.)

J. Cantineau (1960). *Cours de phonétique arabe.* Klincksieck. (Cité page 90.)

T. Carmell, et al. (1997). 'Spectrogram Reading'. Consulté en 2008. (Cité page 14.)

R. Carré & J. M. Hombert (2002). 'Variabilité phonétique en production et perception de parole : stratégies individuelles'. In B. M.

J. Lautrey & P. van Geert (eds.), *Invariants et Variabilité dans les Sciences Cognitives*. Presses de la Maison des Sciences de l'Homme, Paris. (Cité page 14.)

M. Casey (2002). *Introduction to MPEG-7 : Multimedia Content Description Language*, chap. Sound Classification and Similarity Tools, pp. 309–323. J. Wiley. (Cité page 57.)

M.-A. Cathiard, et al. (2004). 'Naissance de la représentation d'une consonne entre les voyelles : Les conditions d'une intégration audio-visuelle'. In *JEP2004*. (Cité page 27.)

A. Cazade (1999). 'De l'usage des courbes sonores et autres supports graphiques pour aider l'apprenant en langues'. *ALSIC Revue* **2**(2) :3–32. (Cité pages 19, 20 et 27.)

M. Chaffcouloff (2004). 'Voir la parole'. *Travaux Interdisciplinaires du Laboratoire Parole et Langage* **23** :23–65. (Cité page 27.)

C. Chan, et al. (1999). 'Two-dimensional multi-resolution analysis of speech signals and its application to speech recognition'. In *International Conference on Acoustics, Speech, and Signal Processing, ICASSP99*, vol. 1, pp. 405–408. IEEE. (Cité pages 46 et 126.)

A. Chauvin & R. Palluel-Germain (2011). 'Analyse de la Variance'. In *Tutorial in "Journées Rencontre Jeunes Chercheurs en Parole (RJCP)"*. (Cité pages 67, 68 et 69.)

S. Cheung & J. Lim (1991). 'Combined multi-resolution (wide-band/narrowband) spectrogram'. In *International Conference on Acoustics, Speech, and Signal Processing, ICASSP-91*, pp. 457–460. IEEE. (Cité pages 46 et 126.)

T.-S. Chi & C.-C. Hsu (2011). 'Multiband analysis and synthesis of spectro-temporal modulations of Fourier spectrogram'. *Journal of Acoustical Society of America JASA Express Letters* **129**(5) :EL190–EL196. (Cité page 47.)

L. Cnockaert (2008). *Analysis of vocal tremor and application to parkinsonian speakers / Analyse du tremblement vocal et application à des locuteurs parkinsoniens*. Ph.D. thesis, F512 - Faculté des sciences appliquées - Electronique. (Cité page 22.)

J. W. Cooley & J. W. Tukey (1965). 'An Algorithm for the Machine Computation of the Complex Fourier Series'. *Mathematics of Computation* **19** :297–301. (Cité page 34.)

A. Copeland, et al. (June 1994). 'Localized radon transform based detection of linear features in noisy images'. *IEEE Conf. on Computer Vision and Pattern Recognition* . :664–667. (Cité page 108.)

C. d'Alessondro & C. Demars (1992). 'Représentations temps-fréquence du signal de parole Speech, Time-Frequency Representations'. *Traitement du Signal (Trait. Signal)* **9**(2) :153–173. (Cité page 21.)

S. Das & J. H. Hansen (2004). 'Detection of Voice Onset Time (VOT) for Unvoiced Stops (/p/, /t/, /k/) Using the Teager Energy Operator (TEO) for Automatic Detection of Accented English'. In *Proceedings of the 6th Nordic Signal Processing Symposium - NORSIG*, Espoo, Finland. (Cité page 76.)

F. Data (2008). 'How to Read (and Use) a Box-and-Whisker Plot'. (Cité page 70.)

P. Daubias (2002). *Modèles a posteriori de la forme et de l'apparence des lèvres pour la reconnaissance automatique de la parole audiovisuelle*. Ph.D. thesis, Université du Maine. (Cité page 27.)

S. Deans (1981). 'The radon transform and its application to shape parameterization in machine vision'. *IEEE trans. on Pattern Analysis and Machine Intelligence* **3** :. (Cité pages 108, 191 et 193.)

S. Deans (1983). *Applications of the Radon Transform*. Wiley Interscience Publications, New York. (Cité page 190.)

S. Deans (1993). *The Radon Transform and Some of Its Applications.* revised edition, Krieger, Malabar, FL. (Cité pages 108 et 188.)

P. Delattre (1951). 'The physiological interpretation of sound spectrograms'. *Publication of the modern language association of America* **64**(5) :864–876. (Cité page 10.)

C. Demars (1991). 'Utilisation de la fréquence instantanée en traitement de la parole'. In *Traitement et représentation du signal de parole SFA et GRECO-PRC Communication Homme-Machine*, pp. 57–60. (Cité pages 22, 23 et 156.)

C. Demars (1992). 'Time-instantaneous frequency representation'. In *Esca Workshop Comparing speech signal representation, Sheffield, England*, pp. 161–168. (Cité pages 22 et 156.)

C. Demars (2005). 'Représentations bidimensionnelles du signal de parole ; éléments de monographie'. (Cité pages 22 et 156.)

A. Dervault & S. Pinneterre (2011). 'Implantation d'un Encodeur/Décodeur SPEEX sur cible RENESAS RX62N'. Tech. rep., Polytech'Clermont Ferrand - Génie Electrique. Projet GE2-GE3 2011, Sujet Nř P11AB01. (Cité page 2.)

C. Dodane & C. Guilleminot (2002). 'Détection de la stabilité de timbre des voyelles : vers une automatisation des tâches'. In *Journées d'Etudes de la Parole JEP*. (Cité page 15.)

C. Dodane & C. Guilleminot (2003). 'Influences de la formation musicale sur la restitution des voyelles d'une langue étrangère'. In *VIIIe Symposio Internacional de Comunicacion Social, Santiago de Cuba*, p. 5. (Cité page 16.)

A. Dowd, et al. (1998). 'Learning to pronounce vowel sounds in a foreign language using acoustic measurements of the vocal tract as feedback in real time'. *Language and Speech* **41** :1–20. (Cité pages 11, 94 et 179.)

K. Dressler (2006). 'Sinusoidal extraction using an efficient implementation of a multi-resolution FFT'. In *Proceeding of the 9th International Conference on Digital Audio Effects (DAFx-06)*, pp. 247–252. (Cité pages 47 et 127.)

M. Dubesset, et al. (1987). 'Analysis and modeling of seismic signais over short time windows'. In *57th Annual International Meeting, SEG*, New-Orleans. (Cité page 26.)

R. O. Duda, et al. (1975). *Pattern classification and scene analysis.* Wiley & Sons. (Cité page 24.)

F. c. El Ghoul (2003). 'Le français de Tunisie et lŠAutre dans les années 1920-1930'. *Cahiers de la Méditerranée [En ligne]* **66** :. mis en ligne le 21 juillet 2005, Consulté le 29 septembre 2011. (Cité page 91.)

M. Elshafei (1991). 'Toward an arabic text-to-speech system'. *The Arabian Journal Science and Engineering* **4B**(16) :565–583. (Cité pages 88 et 89.)

A. Engebretson & R. Monsen (1962). 'Accuracy and limitations of sona-graph measurements'. In *IVth Int. Cong. Ponetic Science*, pp. 188–195, Helsinki, Mouton, The Hague. (Cité page 104.)

A. Engebretson & R. Monsen (1983). 'The accuracy of formant frequency measurements : a comparaison of spectrographic analysis and linear prediction'. In *JSHR*, vol. 26, pp. 89–96. (Cité page 105.)

K. Evanini, et al. (2009). 'Automatic formant extraction for sociolinguistic analysis of large corpora'. In *Interspeech*, pp. 1655–1658. (Cité page 87.)

G. Fant (1959). *Acoustic analysis and synthesis of speech with applications to Swedish.* Ericsson Technics. (Cité pages 8 et 16.)

G. Fant (1969). 'Stops in CV syllables'. In *STL-QPSR*, vol. 4, pp. 1–25. (Cité pages XVII et 102.)

G. Fant (2004). 'Phonetics and phonology in the last 50 years'. In *Sound to Sense at MIT*, vol. B, pp. 20–41. (Cité page 16.)

P. Flandrin (1990). 'Méthodes temps-fréquence en acoustique'. In *1er congrès français d'acoustique, colloque de physique, colloque c2*, vol. 51. supplément numéro2. (Cité pages 21 et 22.)

P. Flandrin (1999). *Time-Frequency/Time-Scale Analysis (Wavelet Analysis and its Applications)*, vol. 10. Academic Press, San Diego. (Cité pages 21 et 24.)

Q. Fu & E. A. Wan (2003). 'A novel speech enhancement system based on wavelet denoising'. *Center of Spoken Language Understanding, OGI School of Science and Engineering at OHSU* . :. (Cité page 42.)

J. S. Garofolo, et al. (1993). 'TIMIT Acoustic-Phonetic Continuous Speech Corpus'. *Linguistic Data Consortium, Philadelphia* . :. (Cité page 13.)

D. Gerhard (2003). *Pitch Extraction and Fundamental Frequency : History and Current Techniques*. 0 7731 0455 0. Department of Computer Science. University of Regina. (Cité page 185.)

P. K. Ghosh & S. Narayanan (2009). 'Closure duration analysis of incomplete stop consonants due to stop-stop interaction'. *Journal Acoustica Society of America Express Letters* **126**(1) :EL1–EL7. (Cité page 17.)

M. Gibson (1998). *Dialect Contact in Tunisian Arabic : sociolinguistic and structural aspects*. Ph.D. thesis, University of Reading. (Cité pages XVI et 90.)

J. Glass & V. Zue (1988). 'Multi-level acoustic segmentation of continuous speech'. In *International Conference on Acoustics, Speech, and Signal Processing ICASSP-88.*, vol. 1, pp. 429–432. (Cité pages 1 et 24.)

B. Gold & N. Morgan (2000). *Speech and audio signal processing.* JOHN WILEY & SONS, INC. (Cité pages 93 et 184.)

Y. Grenier (1986). 'Modèles ARMA à coefficients dépendant du temps : estimateurs et applications'. *Traitement du signal* **3**(4–5) :219–233. (Cité page 26.)

A. Grossmann & J. Morlet (1984). 'Decomposition of hardy functions into square integrable wavelets of consonant shape'. *SIAM Journal on Mathematical Analysis* **15**(4) :723–736. (Cité page 17.)

C. Guilbault (2005). *Introduction à la linguistique.* Université Simon Fraser. consulté Janvier 2013. (Cité page 181.)

J. Haton & al. (2006). *Reconnaissance automatique de la parole.* DUNOD. (Cité pages 11, 39, 94, 179 et 180.)

J. Haton, et al. (1990). 'Décodage acoustico-phonétique problèmes et éléments de solution'. *Traitement du Signal (Trait. Signal)* **7** :293–313. (Cité page 13.)

J. Hernando & C. Nadeu (1997). 'Robust Speech Parameters Located in the Frequency Domain'. In *5th European Conference on Speech Communication and Technology EUROSPEECH-1997*, pp. 417–420. (Cité page 22.)

F. Hlawatsch, et al. (2003). 'Temps-fréquence : concepts et outils'. (Cité page 156.)

C. Hoilund (2007). 'The Radon Transform, Aalborg University, VGIS'. . . :. (Cité page 190.)

J. L. Husson & Y. Laprie (1996a). 'A new search algorithm in segmentation lattices of speech signals'. In *ICSLP-96.* (Cité page 24.)

J. L. Husson & Y. Laprie (1996b). 'Searchnig for the N-best segmentations in dendograms'. In *International Workshop "Speech and Computer"*, pp. 101–106, St-Petersbourg. (Cité page 24.)

S. International (1997). *Wincecil 2.2*. Summer Institute of Linguistics SIL, SIL Language Freeware And User License Agreement. Speech analysis software. (Cité pages 19 et 20.)

T. Irino & R. D. Patterson (1997). 'A time-domain, level-dependent auditory filter : The gammachirp'. *Journal of the Acoustical Society of America* **101** :412–419. (Cité page 26.)

T. Irino & R. D. Patterson (2001). 'A compressive gammachirp auditory filter for both physiological and psychophysical data'. *Journal Acoustica Society of America* **109**(5) :2008–2022. (Cité page 26.)

K. Iwano (2002). 'Noise robust speech recognition using F0 contour extracted by Hough transform'. In *Proc. ICSLP 2002*. (Cité page 26.)

I. Janus (2001). 'Phonetics versus phonology - voicing impairment in anterior aphasia'. In *Clinical Linguistics and Phonetics*, vol. 15 (1 & 2), pp. 103–106. (Cité page 9.)

K. Johnson (1997). *Acoustic & Auditory Phonetics*. Blackwell. (Cité page 13.)

P. Jolissaint (1999). 'La transformée de Radon dans le plan'. (Cité page 108.)

M. Karnjanadecha & S. Zahorian (2001). 'Signal Modeling for High-Performance Robust Isolated Word Recognition'. In *IEEE Trans. on Speech and Audio Processing*, vol. 9, pp. 647–654. (Cité page 23.)

C. Karypidis (2010). *Asymétries en perception et traitement de bas niveau : traces auditives, mémoire à court terme et représentations mentales (Asymmetries in perception and low-level processing : auditory traces, short-term memory and mental representations)*. PhD thesis, Université Paris 3 – Sorbonne Nouvelle, Paris, France. (Cité pages 71, 116, 117, 219 et 221.)

S. Kay (1988). *Modern Spectral Analysis*. Prentice-Hall. (Cité page 21.)

A. Kazemzadeh, et al. (2006). 'Automatic detection of voice onset time contrasts for use in pronunciation assessment'. In *Proceedings of InterSpeech*, Pittsburgh, PA. (Cité page 16.)

H. Kido & H. Kasyua (1998). 'Representation of voice quality features associated with talker individuality'. In *ICSLP-98*, pp. 137–140, Sydney, Australia. (Cité page 24.)

S. Koval, et al. (1997). 'Pitch detection reliability assessment for forensic applications'. In *EUROSPEECH*, pp. 489–492, Rhodes, Greece. (Cité page 26.)

D. Krull (1990). 'Relating acoustic properties to perceptual responses : a study of swedish voiced stops'. *Journal Acoustica Society of America* **88(6)** :2557–2570. (Cité page 17.)

P. Ladefoged (1996). *Elements of Acoustic Phonetics*. The University of Chicago Press. (Cité pages 1, 3, 7, 32, 33, 34, 35, 38, 47 et 180.)

P. Ladefoged & K. Johnson (2010). *A Course in Phonetics*. Wadsworth, Cengage Learning. (Cité page 7.)

Y. Laprie & A. Bonneau (2002). 'Segmentation du bruit d'explosion des occlusives'. *XXIVèmes journées d'étude sur la parole, Nancy* **26** :24–27. (Cité pages 16 et 17.)

S. Lasaulce (2010). 'De la transformée de Fourier à la transformée en ondelettes'. Laboratoire des Signaux et systèmes, SUPELEC. (Cité pages 22, 34 et 41.)

V. Leavers (December 2000). 'Use of the two-dimensional radon transform to generate a taxonomy of shape for the characterization of abrasive powder particles'. *IEEE trans on Pattern Analysis and Machine Intelligence* **22(12)** :1411–1423. (Cité page 108.)

V. Leavers (March 1992). 'Use of the radon transform as a method of extracting information about shape in two dimensions'. *Image and Vision Computing* **10(2)** :99–107. (Cité page 108.)

V. Leavers & J. Boyce (1987). 'The radon transform and its application to shape parameterization in machine vision'. *Image and Vision Computing* **5(2)** :161–166. (Cité page 108.)

J. Leclerc (2011). 'Tunisie Al Jumhuriyah at Tunusiyah'. 28 oct. 2011. (Cité page 91.)

H. Leman & C. Marque (1998). 'Un algorithme rapide d'extraction d'arêtes dans le scalogramme et son utilisation dans la recherche de zones stationnaires / A fast ridge extraction algorithm from the scalogram, applied to search of stationary areas'. *Traitement du Signal* **15**(6) :577–581. (Cité page 45.)

L. Lisker & A. S. Abramson (1964). 'Stop categorization and voice onset time'. In *Proceedings of the 5th International Congress of Phonetic Sciences*, pp. 389–391. (Cité pages 9 et 16.)

L. Ljung & T. Soderstrom (1985). *Theory and Practice of Recursive Identification*. MIT Press. (Cité page 26.)

E. Magno-Caldognetto, et al. (1992). 'Lip rounding coarticulation in Italian'. In *Proceeding of the Second International Conference on Spoken Language Processing*, pp. 41–64. (Cité page 16.)

J. Makhoul (1975). 'Linear prediction : a tutorial review'. In *Proceedings of the IEEE*, vol. 63 of *0018–9219*, pp. 561–580. (Cité pages 185 et 186.)

F. Malbos, et al. (1994). 'Détection des occlusives à l'aide de la transformée en ondelettes'. *Journal de Pysique* **4** :493–496. (Cité page 17.)

S. Mallat (1989). 'A theory for multiresolution signal decomposition : the wavelet representation'. *IEEE Transaction on Pattern Analysis and Machine Intelligence* **11** :674–693. (Cité page 31.)

S. Mallat (2000). *Une Exploration des Signaux en Ondelettes*. Editions de l'Ecole Polytechnique, Ellipses diffusion. (Cité page 43.)

S. Mallat (2008). *A wavelet Tour of Signal Processing.* Academic Press, 3rd edition edn. (Cité page 43.)

S. Manikandan (2006). 'Speech enhancement based on wavelet denoising'. *Academic Open Internet Journal* **17**(1311–4360) :. (Cité page 43.)

W. Marçais (1950). *Les parlers arabes, Initiation à la Tunisie.* d. Adrien Maisonneuve, Paris. (Cité page 92.)

S. Marple (1987). *Digital Spectral Analysis with Application.* Prentice-Hall. (Cité page 21.)

J. Mars, et al. (2004). *Traitement du signal pour géologues et géophysiciens.* TECHNIP. (Cité page 21.)

R. K. Mehra (1971). 'On-line Identification of Linear Dynamic Systems with Applications to Kalman Filtering'. In *IEEE Trans. on Automatic Control*, vol. 1, pp. 12–21. (Cité page 26.)

H. Meloni & P. Gilles (1991). 'Décodage acoustico-phonétique ascendant'. *Traitement du Signal (Trait. Signal)* **8**(2) :107–114. (Cité page 13.)

R. R. Mergu & S. K. Dixit (2011). 'Multi-Resolution Speech Spectrogram'. *International Journal of Computer Applications* **15**(4) :28–32. (Cité page 47.)

A. Mohammad-Djafari (1996). 'Transformée de Radon et Reconstruction d'image'. École Supérieure d'électrecilté, Gif-Sur-Yvette, France. (Cité page 108.)

C. Mokbel & G. Chollet (2001). 'Modèles de Markov Cachés Auto Adaptatifs pour la Modélisation de la Parole'. *Colloque statistiques au Liban* **Cedre–RPM** :35–42. (Cité page 1.)

A. Muhammad (1990). *Alaswaat Alaghawaiyah, (in Arabic).* Daar Alfalah, Jordan. (Cité pages 88 et 91.)

L. Murphy (1986). 'Hough transform from the radon transform'. p. 279-284. (Cité pages 191 et 195.)

S. Naffakhi & N. Annabi-Elkadri (2011). 'Formant extraction using Radon Transfer : Application on oral vowels classification'. In *2011 World Congress on Engineering and Technology (CET)*, vol. 8 of *1815-1959083*, pp. 911–914, Shangai, China. IEEE indexed in Ei and ISTP. (Cité page XVII.)

Nagarajan & S. Sankar (1998). 'Efficient implementation of linear predictive coding algorithms'. In *Proceedings of the IEEE*, pp. 69–72, Southeastcon. (Cité page 186.)

D. J. Nelson (2001). 'Cross-spectral methods for processing speech'. *JASA* **110**(5) :2575–2592. (Cité page 25.)

D. J. Nelson (2002a). 'Instantaneous higher order phase derivatives'. *Digital Signal Processing* **12**(2) :416–428. (Cité page 25.)

D. J. Nelson (2002b). 'Recovery of the harmonic fundamental from the mixed partial derivatives of the STFT phase'. In *ICASSP*, pp. 365–368, Orlando, Florida, USA. (Cité page 25.)

A. Neri (1996). 'Optimal Detcetion and estimation of straight patterns'. In *IEEE trans. on Image Processing*, vol. 5, pp. 787–792. (Cité page 194.)

Nobelprize.org (2011). 'The Nobel Prize in Physiology or Medicine 1979'. (Cité page 108.)

D. O'Shaughnessy (1988). 'Linear Predictive coding'. In *IEEE Potentials*, vol. 7, pp. 19–32. (Cité pages 185 et 186.)

M. Overmann (2010). 'phonétique (extrait de cours)'. consulté le 15 aout 2010. (Cité page 13.)

G. Peterson & H. Barney (1952). 'Control methods used in a study of the words'. *Journal of Acoustical Society of America, JASA* **24** :175–184. (Cité pages XVII, 14, 15 et 102.)

F. Piton (2003). 'Introduction à l'analyse spectrale'. Master's thesis, CNAM en informatique. (Cité page 21.)

F. Plante & W. A. Ainsworth (1995). 'Formant tracking using reassigned spectrum'. In *EUROSPEECH*, pp. 741–744, Madrid. (Cité page 24.)

F. Plante, et al. (1997). 'Segregation of concurrent speech with the reassignement method'. In *ICASSP-97*, pp. 1203–1207, Munich, Germany. (Cité page 25.)

F. Plante, et al. (1998). 'Improvement of Speech Spectrogram Accuracy by the Method of Reassignment'. In *IEEE Transactions on Speech and Audio Processing*, vol. 6, pp. 282–286. (Cité page 25.)

G. Puimatto (1994). 'Notions sur la compression des données dans les applications multimédias'. (Cité page 23.)

L. Rabiner & B. Juang (1993). *Fundamentals of Speech Recognition*. No. 0-13-015157-2. Prentice-Hall Signal Processing Series. (Cité page 1.)

L. R. Rabiner (1990). 'A Tutorial on Hidden Markov Models and Selected Applications in Speech Recognition'. *IEEE, Readings in speech recognition, ISBN :1-55860-124-4* **77**(2) :257–286. (Cité page 1.)

J. Radon (1917). 'Uber die Bestimmung von Funktionen durch ihre Integral-werte langs gewisser Mannigfaltigkeiten'. *Ber. Verh. Sächs. Akad. Wiss. Leipzig, Math. Nat. kl.* **69** :262–267. (Cité pages 108 et 190.)

R. Rahim, et al. (1997). 'Discriminative feature and model design for automatic speech recognition'. In *EUROSPEECH*, pp. 75–78, Rhodes, Greece. (Cité page 26.)

T. S. Rao (1970). 'The fitting of nonstationary time-series models with time-dependent parameters'. *J. Royal Statist. Soc.* **32**(2) :312–322. (Cité page 26.)

X. Renard (2008). *Précis d'audioprothèse. Production, phonétique acoustique et perception de la parole.* Elsevier Masson. (Cité page 119.)

R. Ridouane (2006). 'Voisement, aspiration et pré-aspiration : le comportement glottal'. Tech. rep., Université Paris 3. (Cité page 16.)

N. Rjaibi-Sabhi & E. Lhote (1994). 'Variabilty as a means of geographic origin discrimination of Arabic speakers - global and segmented approach for geographic origin identification of Arabic speakers'. In *ESCA Workshop on Automatic Speaker Recognition, Identification, and Verification ASRIV*, pp. 205–208. (Cité page 14.)

B. Scharf (1970). 'Critical Bands'. *Foundations of modern auditorv theory, (Tobias J, ed). New York : Academic* **1** :159–202. (Cité page 198.)

L. Shin, et al. (1997). 'Visual imagery and perception in posttraumatic stress disorder : A positron emission tomographic investigation'. *Archives of General Psychiatry* **54** :233–241. (Cité pages 22, 46 et 127.)

S. Simon (2008). 'What is the interquartile range ?'. (Cité page 64.)

E. Smith & M. S. Lewicki (2005a). 'Efficient coding of time-relative structure using spikes'. *Neural Computation* **17**(1) :19–45. (Cité page 26.)

E. C. Smith & M. S. Lewicki (2005b). 'Learning Efficient Auditory Codes Using Spikes Predicts Cochlear Filters'. In L. K. Saul, Y. Weiss, & L. Bottou (eds.), *Advances in Neural Information Processing Systems 17*, pp. 1289–1296. MIT Press, Cambridge, MA. (Cité page 26.)

J. Soto Barba (1994). 'Los fonemas /b/ y /p/ se diferencian por la sonoridad'. In *Estudios Filológicos*, vol. 29, pp. 33–37. (Cité pages 9 et 16.)

K. Stevens & A. House (1955). 'Development of a description of vowel articulation'. *Journal of Acoustical Society of America* **27** :484–493. (Cité page 32.)

M. A. Stokes (2001). 'Male and female vowels identified by visual inspection of raw complex waveforms'. *Journal of the Acoustical Society of America* **109**(5) :2291–2291. (Cité pages 14 et 15.)

M. A. Stokes (2009). *The Waveform Model of Vowel Perception and Production*. Universal-Publisher. (Cité pages 14 et 15.)

T. Styger, et al. (1994). 'Méthodes informatiques pour l'analyse de paramètres primaires en parole pathologique'. *Les faits intonatifs dans l'acquisition et la pathologie du langage CALaP* **11** :. (Cité page 28.)

H. M. Sussman, et al. (1997). 'An investigation of stop place of articulation as a function of syllable position : A locus equation perspective'. *Journal of Acoustical Society of America* **101**(5) :2826–2838. (Cité page 16.)

H. M. Sussman, et al. (1990). 'An investigation of locus equations as a source of relational invariance for stop place categorization'. *Journal of Acoustical Society of America* **90**(3) :1309–1325. (Cité page 16.)

B. Teston (2006). 'A la poursuite de la trace du signal de parole'. *Actes, Journées d'Etude sur la Parole 26ème JEP* **26** :7–10. (Cité page 14.)

B. Teston (2008). 'A la poursuite du signal de parole : suite et fin'. *Actes, Journées d'Etude sur la Parole JEP* **27** :397–400. (Cité page 14.)

A. Thibault (2012). 'Cours phonétique'. Tech. rep., Université de Paris-Sorbonne (Paris IV). (Cité page 7.)

N. Thieberger (2006). *A Grammar of South Efate An Oceanic Linguistics of Vanuatu.* EPID53732790. Oceanic Linguistics Special Publication. (Cité page 13.)

P. Toft (1996). *The Radon Transform - Theory and Implementation.* Ph.D. thesis, Department of Mathematical Modelling, Technical University of Denmark. (Cité pages 188 et 195.)

H. Touma (1985). *Imagerie en astronomie spatiale par transformation inverse de Radon : application au télescope àă pupille fente = Imagery in spatial astronomy by inverse Radon transformation : application to the slot pupil telescope.* Ph.D. thesis, Université de Nice. (Cité page 108.)

H. Traunmuller (1984). 'Articulatory and perceptual factors controlling the age and sex conditionated variability in formant frequencies of vowels'. *Speech Communication* **3**(1) :49–62. (Cité page 105.)

J.-W. Wang & Y.-J. Li (2006). 'MATLAB 7.0 Image Processing'. *Beijing : National Defence Industry Publishing* . :190–191. (Cité page 200.)

C. J. Wellekens (2002). 'Traitement de la parole et du son'. (Cité page 2.)

Wikipedia (2011). 'Consonne'. Consulté le 4 Juin 2011. (Cité page 8.)

W. A. Woods & J. Makhoul (1973). 'Mechanical Inference problems in continuous speech understanding'. In *Proceedings of the Third International Joint Conference on Artificial Intelligence IJCAI Natural Language : Speech*, vol. Session 7, pp. 200–207. revised version appears in Artificial Intelligence, 5(1), 1974, pp 73-91. (Cité page 184.)

D. Yang, et al. (1998). 'Vowel separation using the reassigned amplitude-modulation spectrum'. In *ICSLP-98*, pp. 947–950. (Cité page 25.)

D. Yang, et al. (1999). 'Improving harmonic selection for speech intelligibility enhancement by the reassignement method'. In *EUROSPEECH-99*, pp. 2199–2002, Budapest, Hungary. (Cité page 25.)

B. Yegnanarayana, et al. (2008). 'Analysis of stop consonants in Indian languages using excitation source information in speech signal'. In *Proceedings ISCA ITRW Speech Analysis and Processing for Knowledge Discovery, Aalborg, Denmark.* (Cité page 17.)

J. Zerling (1979). *Articulation et coarticulation dans les groupes occlusives-voyelles en français.* Ph.D. thesis, Université de Nancy II. (Cité page 106.)

J.-P. Zerling (1992). 'Frontal lip shape for French and English vowels'. *Journal of Phonetics* **20**(1) :3–14. (Cité page 16.)

Y. Zheng, et al. (2004). 'Stop consonant classification by dynamic formant trajectory'. In *ICSLP, Jeju Island, Korea.* (Cité page 18.)

V. W. Zue (1976). *Acoustic Characteristics of Stop Consonants : a controlled study.* Ph.D. thesis, Massachusetts Institute of Technology, MIT, Lincoln Laboratory,. (Cité pages 1 et 17.)

V. W. Zue, et al. (1989). 'The MIT SUMMIT Speech Recognition system : a progress report'. In *HLT '89 Proceedings of the workshop on Speech and Natural Language*, pp. 179–189. Association for Computational Linguistics Stroudsburg, PA, USA. (Cité page 13.)

GLOSSAIRE

- **Coefficients cepstraux** : Les coefficients cepstraux (Mel-frequency cepstral coefficients (MFCCs)) sont calculés par une transformée en cosinus discrète appliquée au spectre de puissance d'un signal.

- **Corpus** : Un corpus est un ensemble de textes ou de documents, rassemblés pour être étudiés. Un corpus oral est un ensemble de documents constitué d'enregistrements vocaux. Il se forme autour d'une langue, d'un lieu géographique, d'une époque, d'un évènement, d'un phénomène oral, etc. Il doit être complété par des renseignements favorisant sa compréhension et son étude. Un corpus oral est constitué :
  - d'enregistrements sonores cohérents,
  - d'une transcription mot à mot des enregistrements,
  - d'une traduction s'il y a lieu d'annotations permettant la recherche, comme un répertoire des mots les plus fréquents.

- **Dialecte** : Un dialecte est une variété d'une langue dont les caractéristiques morphologiques, syntaxiques ou lexicales dominantes sont sensibles aux utilisateurs. En linguistique, le dialecte désigne une variété significativement distincte d'une langue donnée.

- **Formants** : La vibration des cordes vocales au passage de l'air, produit un ensemble d'harmoniques proches des fréquences de résonance du conduit vocal. Ces fréquences sont amplifiées et sont représentées par des pics sur l'enveloppe spectrale. Ces pics sont appelés des formants (Haton & al. 2006, Benade 1976, Dowd et al.

1998).

– **Fréquence fondamentale** : C'est la fréquence résultant de la vibration des cordes vocales appelé aussi pitch.

– **Larynx** : Organe situé dans la trachée artère qui comprend les cordes vocales et sert ainsi à la production de la voix (fig. 1).

– **Occlusion** : une occlusion est un phénomène phonétique articulatoire qui a pour effet la production d'une consonne occlusive.

– **Phonologie** : La phonologie est une branche de la linguistique. Elle étudie l'organisation des sons d'une langue.

– **Phonème** : Un phonème est la plus petite unité fonctionnelle distinctive du système phonologique d'une langue (Haton & al. 2006).

– **Phones** : Les phones sont les différentes réalisations d'un phonème.

– **Pitch** : La fréquence de voisement.

– **Signal stationnaire** : Afin de pouvoir appliquer la transformée de fourier sur un signal s(t), il faut que ce dernier soit de durée finie c'est-à-dire limité dans le temps. En traitement de la parole, cette durée ne doit pas dépasser les 20 ms afin de pouvoir le considérer comme stationnaire (Calliope 1989, Ladefoged 1996).

– **Stimulus** : Son généralement fabriqué en laboratoire et utilisé comme agent excitateur dans les tests menés dans les domaines de recherches connexes à l'acoustique.

– **Système articulatoire** : Le système articulatoire se compose des lèvres, des fosses nasales, des alvéoles, du palais, de l'apex, de la langue, de la luette, du pharynx, de l'épiglotte, des cordes vocales et du larynx. Il est représenté par la figure 1.

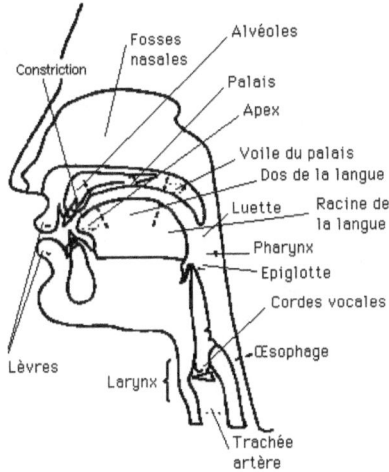

FIGURE 5.30 – *Appareil phonatoire (Guilbault 2005)*

– **Voisement** : Le voisement est une propriété des sons de la parole. Un son est dit voisé si sa production s'accompagne d'une vibration des cordes vocales (exemples : les voyelles, les occlusives ([b], [d], [g])), et non voisé dans le cas contraire (exemples : les occlusives ([p], [t], [k])).

ANNEXES

A.1   La prédiction linéaire

La prédiction linéaire (Linear Predictive Coding LPC) fait partie des méthodes non paramétriques, nommées aussi méthodes d'identification. Elle se base sur les connaissances de production de la parole et suppose que le modèle de production est linéaire. Ce modèle de production est le modèle source-filtre qui sépare la source du filtre : l'air qui circule dans les poumons peut être vu comme la source du conduit vocal en lui appliquant un filtre pour produire de la parole (Gold & Morgan 2000).

La prédiction linéaire s'applique à l'analyse des signaux et la compression. Elle fait partie des filtres adaptatifs basés sur les algorithmes de moindres carrés rapides. En reconnaissance de parole, elle fournit la base d'un système de reconnaissance de la parole continue. Les résultats de reconnaissance sont à la fois fiables, rapides et de bonnes qualités.

Le LPC opère en deux phases (Bradbury 2000, Woods & Makhoul 1973) :

1. La phase d'analyse ou phase d'encodage :
   Il s'agit de décomposer le signal en segments ou trames pour déterminer les coefficients du filtre. Ces coefficients permettent de reproduire la parole liée à chaque segment.

2. La phase de synthèse :
   Elle permet de construire le filtre en se basant sur les coefficients reçus et d'utiliser les informations additionnelles pour déterminer le signal d'entrée.

A.1.1 Phase d'analyse

La période d'une onde est définie comme étant le temps nécessaire pour un cycle d'onde de passer par une position fixe. Pour le signal de la parole, il s'agit de la période de vibration des cordes vocales qui se produit lors de la production de la parole voisée.

La phase d'analyse se compose de trois étapes. Le signal d'entrée est segmenté en un ensemble de segments ou de blocs (Bradbury 2000). Chaque bloc ou segment est analysé et transmis au récepteur. Le codeur LPC avertit le décodeur si un segment de signal est voisé ou non en envoyant un seul bit. Il s'avère important de déterminer si un segment est voisé ou non puisque les sons voisés ont une forme d'onde différente de celle des sons non voisés. Chaque type de son crée un besoin pour l'utilisation de deux signaux d'entrées différents pour le filtre LPC dans la synthèse ou le décodage. La détermination de la période du pitch est, ensuite, effectuée. La détermination de cette période, pour un segment donné de la parole, s'avère très coûteuse en temps de calcul. Pour la détection du pitch, l'algorithme d'autocorrélation ou encore Average Magnitude Difference Function (AMDF) (Gerhard 2003) peuvent être utilisé. Ce dernier profite du fait que l'autocorrélation d'une fonction périodique atteint un maximum $R_{xx}(k)$ lorsque k est égal à la période du pitch. La troisième étape de la phase d'analyse revient à déterminer les paramètres, ou encore les coefficients de prédiction, pour construire le filtre qui modélise le conduit vocal.

Un échantillon de parole peut-être prédit par une combinaison linéaire d'un certain nombre d'échantillons précédents (Makhoul 1975, O'Shaughnessy 1988) :

$$s(n) = -(a_1 * s(n-1) + a_2 * s(n-2) + \ldots\ldots + a_p * s(n-p)) + e(n) \quad (A.1)$$

où $s(n)$ représente le signal à l'instant n. $e(n)$ représente un bruit blanc dû à toutes les sources d'erreurs possibles (précision des termes, arrondis de calcul,etc).

L'estimation du signal à l'instant n se calcule comme suit :

$$-\tilde{s}_n = -\{\sum a_i * s(n-i),\ i = 1..p\}\text{avec } p : \text{l'ordre de prédiction} \quad (A.2)$$

L'erreur de prédiction ϵ_n s'écrit sous la forme :

$$\epsilon_n = s_n - \tilde{s}_n = s_n + \{\sum a_i * s(n-i),\ i = 1..p\}$$

Afin de minimiser cette erreur, les coefficients de prédiction peuvent être calculés par la méthode des moindres carrés, la méthode d'auto-corrélation ou encore celle d'autovariance (Nagarajan & Sankar 1998, O'Shaughnessy 1988, Makhoul 1975).

La transformée en z de : $\epsilon_n = s_n - \tilde{s}_n$ donne :

$$
\begin{aligned}
\epsilon(z) &= S(z) - \tilde{S}(z) \\
&= S(z) + \sum\{\tilde{a}_{i z^{-i}} S(z),\ \text{i=1..p} \\
&= S(z) + \sum\{\tilde{a}_{i z^{-i}} S(z),\ \text{i=1..p} \\
&= S(z)\langle 1 + \sum \tilde{a}_i z^{-i}\rangle \\
&= S(z)H(z) \Longrightarrow S(z) \\
&= \epsilon(z)/H(z)
\end{aligned}
$$

En fixant $e(z)$ par une constante e, on a $S(z) = \varepsilon/H(z)$.

En posant $Z = e^{i 2\pi f_n}$ et $f_n = f/f_0$ avec $0 \le f_n \le 0.5$, on peut alors représenter la densité spectrale de puissance (DSP) de S(z) par :

$$E\{|S(f_n)|^2\} = \sigma^2/|1 + \{\sum a_i e^{-ij2\pi f_0}\}|$$

où $\sigma^2 = E\{\varepsilon^2\}$.

La détermination de la densité spectrale de puissance revient donc à calculer les coefficients de prédiction a_i.

En conclusion, l'analyse par prédiction linéaire permet de passer d'un spectre échantillonné, donc "bruité", à une représentation spectrale continue et "lissée". La détection des formants en est alors plus aisée. Ils sont représentés par des pics sur le spectre LPC. Ce dernier est obtenu en appliquant la FFT sur les coefficients de prédiction.

A.1.2   Transmission des données

Dans une forme non compressée, la parole est généralement transmise au 64000 bits/seconde en utilisant 8 bits/échantillon et une fréquence d'échantillonage de 8 kHz pour l'échantillonnage (Bradbury 2000). Le LPC permet de réduire ce taux à 2400 bits/seconde en brisant la parole en segments pour ensuite envoyer les informations voisées ou non voisées, la période de pitch ainsi que les coefficients du filtre, qui représentent le conduit vocal pour chaque segment (Bradbury 2000).

Le codeur envoie un seul bit pour informer si le segment courant est voisé ou non voisé. La période du pitch est quantifiée en utilisant un quantificateur "log-companded quantizer". Parmi les 60 valeurs possibles, 6 bits sont nécessaires pour représenter la période de pitch. Les coefficients de prédiction sont quantifiés sur 41 bits. Ainsi, le nombre total des bits à transférer est équivaut à (53 bits + 1 bit de synchronisation = 54 bits).

A.1.3   Phase de synthèse (Décodage)

Le processus de décodage d'une séquence de segments de parole est
l'inverse du processus de l'encodage. Chaque segment est décodé indi-
viduellement et la séquence des segments reproduite est réunie pour
représenter le signal d'entrée de la parole. Le décodage ou la synthèse
d'un segment est basée sur les 54 bits d'information qui sont transmis
par le codeur. Cette phase se résume en trois étapes.

– Etape1 :

  Informer le décodeur le type de segment pour déterminer le type
  du signal d'entrée. Si c'est un segment voisé alors le type du signal
  est un *pulse* (40 échantillons stockés dans le décodeur). Si c'est un
  segment non voisé alors c'est un *white noise*. Utiliser la période du
  pitch pour déterminer si le pulse sera tronqué ou prolongé.

– Etape2 :

  Utiliser les coefficients de prédiction afin de générer les coefficients
  du conduit vocal pour créer le filtre LPC.

– Etape3 :

  Décoder le segment de signal c'est à dire passer le signal d'entrée
  dans le filtre pour reproduire le signal de la parole.

A.2   Calcul théorique de la transformée de Radon

Soit $f(x,y)$ une fonction continue et à support compact dans R^2. La
TR de $f(x,y)$ (eq. A.3) est définie par les intégrales curvilignes tout
au long d'une droite L (Deans 1993, Toft 1996).

$$R_f = \int_L f(x,y)dl \qquad (A.3)$$

avec : $L \equiv L(\theta, \rho)$ et $\rho = x\cos\theta + y\sin\theta \quad \forall \rho \in R, \quad \theta \in [0, 2\pi]$

On note $R_f(\theta, \rho) = \int_L f(x,y)dl$

$$R_f(\theta, \rho) = \int_{-\infty}^{+\infty} \int_{-\infty}^{+\infty} f(x,y)\delta(\rho - x\cos\theta - y\sin\theta)dxdy \qquad (A.4)$$

avec $\delta(.)$ la fonction de Dirac, $\theta \in [0, \pi]$ et $\rho \in]-\infty, +\infty[$.

En ne gardant que certaines mesures de θ et de ρ, on obtient un échantillon de la TR. L'ensemble des mesures de la TR $R_f(\theta, \rho)$ obtenues pour une valeur fixée de θ avec $\rho \in]-\infty, +\infty[$ est appelé une projection de $f(x,y)$.

L'ensemble des mesures de Radon $R_f(\theta, \rho)$ obtenues pour $\rho \in]-\infty, +\infty[$ et $\theta \in [0, 2\pi]$ est appelé un sinogramme. Les données associées, sur un sinogramme, au point d'objet $f(x,y) = (x - x_0)(y - y_0)$ sont non nulles le long de la sinusoide $\rho = x\cos(\theta) + y\sin(\theta)$ dans le domaine (ρ, θ).

Le calcul de la localisation d'une droite par la TR, ainsi qu'une présentation des propriétés de la TR sont présentées respectivement dans les annexes A.2.3 et A.2.4.

A.2.1 La Transformée de Radon d'une image numérique

Une image se compose d'un ensemble de pixels représenté sous forme d'une matrice de dimension $M \times N$ où M est la hauteur et N la largeur. Chaque pixel comporte ainsi une valeur réelle ou entière pour indiquer l'intensité de couleur de ce pixel.

Dans le cadre de l'application de la TR sur une image numérique, une analogie entre la valeur $f(x, y)$ d'un point de la surface décrite par f et un pixel (i, j) de l'image doit être faite. Le pixel d'une image doit être composé d'une seule valeur. Ce qui limite l'application de la TR à des images en noir et blanc ou à niveau de gris. Aussi, le passage de la théorie "continue" au plan discret doit être pris en considération. En effet, l'image est un ensemble des pixels. Elle représente un espace discret. La TR d'une fonction $f(x, y)$ exige la continuité de cette fonction. Donc, une adaptation à la forme discrète de l'image est introduite en changeant l'intégrale par une simple somme des intensités des pixels projetées selon l'axe ρ et un angle θ.

Par définition, la TR d'une image est obtenue par une série de projections de toutes les lignes de l'image prises sous des angles divers. Ainsi, chaque pixel non nul de chaque ligne de l'image est projeté dans une matrice Radon.

Soit $f(x, y)$ la fonction image. Sa TR (Deans 1983, Radon 1917) est définie par A.5 :

$$f(x, y) = \int_{-\infty}^{+\infty} \int_{-\infty}^{+\infty} f(x, y) \delta(\rho - x \cos \theta - y \sin \theta) dx dy \qquad (A.5)$$

avec $\delta(.)$ la fonction de Dirac, $\theta \in [0, \pi]$ et $\rho \in] -\infty, +\infty[$.

La Figure A.1 montre que la TR prend des projections multiples et parallèles suivant un angle de rotation θ en tournant la source et le capteur autour du centre de l'image. Pour chaque angle θ, l'intensité des rayons sortants de la source est accumulée au niveau du capteur (Hoilund 2007).

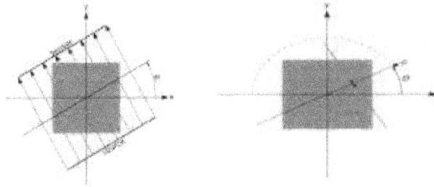

FIGURE A.1 – *Principe de la projection Radon.*

A.2.2   Algorithme de calcul de la TR d'une image

Chaque pixel de l'image source est projeté dans le plan de Radon. La TR d'un point (x, y) du plan est égale à la fonction A.6 :

$$\rho(\theta) = x \cos(\theta) + y \sin(\theta) \qquad (A.6)$$

Dans le cas discret, la projection d'un pixel (i, j) de l'image source dans le plan de Radon est égale à A.7 :

$$T_{R^I}((i - i_0) \cos(\theta) + (j - j_0) \sin(\theta), \theta) \qquad (A.7)$$

pour $\theta = k \ \pi / n \quad 0 \leq k < n$

Un seul balayage de l'image source est suffisant. Ce balayage s'effectue pixel par pixel, sans calcul lourd et approximatif. L'interpolation se fait au niveau de la matrice de sortie et les calculs, en flottants, sont minimaux.

A.2.3   Localisation d'une droite par la transformée de Radon

La TR est souvent utilisée pour la localisation d'une droite dans une image (figure A.2). La TR d'une droite (Deans 1981, Murphy 1986) peut être modélisée par l'équation A.8.

Données : Matrice de signal qui représente le spectrogramme
Résultat : Matrice Radon
début
    for k **from** 0 **to** $n-1$ **do**
        $\theta = \frac{k\pi}{n}$;
        for i **from** 0 **to** $l-1$ **do**
            for j **from** 0 **to** $l-1$ **do**
                $T_{RI}((i\text{ - }i_0) \ast \cos(\theta) + (j\text{ - }j_0) \ast \sin(\theta),\theta)\mathrel{+}=I(i,j)$;

$$f(x,y) = \delta(\rho^* - x\cos\theta^* - y\sin\theta^*) \tag{A.8}$$

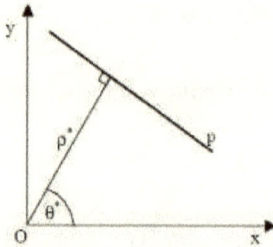

FIGURE A.2 – *Paramétrisation de la droite ρ avec les paramètres ρ^*, θ^**

La TR de la fonction $f(x,y)$ s'écrit :

$$
\begin{cases}
R_f(\rho,\theta) = \int_{-\infty}^{+\infty}\int_{-\infty}^{+\infty} f(x,y)\delta(\rho - x\cos\theta - y\sin\theta)dxdy \\
R_f(\rho,\theta) = \int_{-\infty}^{+\infty}\int_{-\infty}^{+\infty} f(x,y)\delta(\rho^* - x\cos\theta^* - \\
y\sin\theta^*)\delta(\rho - x\cos\theta - y\sin\theta)dxdy \\
R_f(\rho,\theta) = 0, \quad \rho \neq \rho^* \vee \theta \neq \theta^* \\
R_f(\rho,\theta) = \int \delta(0)\rho = \rho^* \wedge \theta = \theta^*
\end{cases}
$$

La TR d'une droite avec les paramètres ρ^* et θ^* est, dans l'espace de Radon, un Dirac sur $[\rho^*, \theta^*]$ (figure A.3). Nous pouvons estimer les paramètres d'une droite à partir de la TR d'une image.

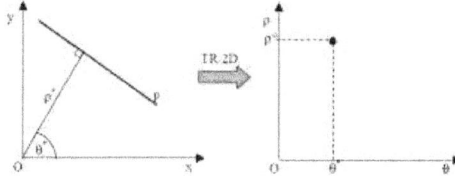

FIGURE A.3 – *Droite dans le domaine spatial et dans l'espace de Radon.*

Cela revient à intégrer la fonction f le long d'une droite d'équation A.9.

$$\rho = x\cos(\theta) + y\sin(\theta) \quad \text{pour tout l'espace de paramètres} \quad (\rho, \theta) \text{(A.9)}$$

La construction de l'espace de Radon s'effectue en utilisant des opérations géométriques telles que la rotation et la projection avec accumulation. La Figure A.4 montre la rotation autour de l'origine du système de coordonnées des angles $\theta 1$, $\theta 2$ et $\theta 3$ et les projections correspondantes. Ainsi, la TR pour les angles $\theta 1$, $\theta 2$ et $\theta 3$ est obtenue. En continuant de tourner et de projeter l'image sur les autres angles, on construit graduellement l'espace de Radon discrétisé à partir duquel les paramètres de la droite détectée sont estimés.

A.2.4 Propriétés

Les propriétés de la TR (Deans 1981) sont :

– P1 : Suite de l'application de la TR sur une image qui contient une

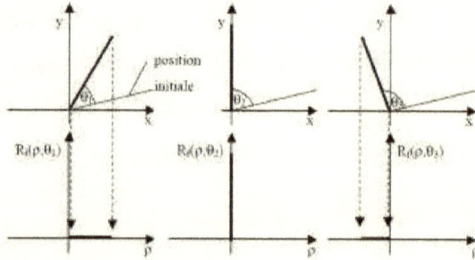

FIGURE A.4 – *Variations des angles θ1, θ2, θ3 et les projections correspondantes.*

droite non nulle donne dans l'espace Radon un pic aigu.

– P2 : L'application de la TR sur une image non nulle sauf en un point de coordonnées (x_0, y_0) a une TR qui est non nulle le long d'une courbe sinusoidale dans l'espace Radon, dont l'équation est donnée par $\rho = x_0 \cos\theta + y_0 \sin\theta$. Cela signifie que la contribution d'un petit modèle remplis (solide) de l'image (par exemple un cercle), d'emplacement connu, est distribué le long d'une courbe dans l'espace Radon, dont l'équation analytique est connue.

– P3 : La TR est inversible, c'est à dire que l'image peut être récupérée de sa TR (Neri 1996).

– Linéarité : La TR est linéaire. Si on considère qu'on a deux fonctions f et g et deux constantes c_1 et c_2 alors $R(c_1 f + c_2 g) = c_1(Rf) + c_2(Rg)$.

– Translation : On suppose que la fonction $f(x, y)$ est déplacée d'une distance (x_0, y_0). La TR de cette fonction s'écrit : $g(x, y) = f(x - x_0, y - y_0)$ avec $\Rightarrow \tilde{g}(\rho, \theta) = f(\rho - x_0 \cos\theta - y_0 \sin\theta, \theta)$. On peut noter que le décalage de la TR ne varie qu'à la coordonnée de ρ.

- Rotation : La fonction $f(x, y)$ est présentée aux coordonnées polaires, $f(x, y) = f(\rho, \theta)$. On suppose que l'angle θ tourne d'une valeur ϕ_0. La TR est calculée facilement à partir de la TR de $f(x, y)$, $g(\rho, \theta) = f(\rho, \theta - \phi_0)$.
  Le cas particulier de cette propriétée coincide avec $\phi_0 = \pi$. Dans ce cas, nous avons $f(\rho, \theta) = f(\rho, \theta - \pi) \quad \forall \rho \in R$.
  Grâce à la propriété de rotation, il suffit de collecter des projections dans une période de π. Elle permet ainsi de diminuer d'une moitié de données et de temps de traitement dans la phase de projections.

Notons que la TR présente un certains nombre d'avantages :

- L'équation analytique de la droite n'est pas exigée (Toft 1996), le fait que le pic dans l'espace de Radon correspond aux paramètres d'une droite est une propriété implicite de la transformée.

- Stabilité numérique.

- Coût en temps de calcul relativement faible par rapport à la transformée de Hough.

et aussi un inconvénient puisque la TR n'est capable de localiser que les objets linéaires (les droites) (Murphy 1986).

A.3 Le test de Fisher

Le test de Fisher, ou test F, est un test d'hypothèse statistique qui permet de tester l'égalité de deux variances en faisant le rapport des

deux variances et en vérifiant que ce rapport ne dépasse pas une cer-
taine valeur théorique que l'on cherche dans la table de Fisher.

$$F = \frac{S_X^2}{S_Y^2}$$

Remarque : on place au numérateur la plus grande des deux variances.

Le résultat peut être exprimé en pourcentage. Par exemple un F de
94% ou 0.94 signifie que les deux variances sont très proches.

Si F est plus grand que la valeur théorique, on rejette l'hypothèse
d'égalité des deux variances.

A.4   Triangle Vocalique

La figure A.5 présente le triangle vocalique de Hellwag.

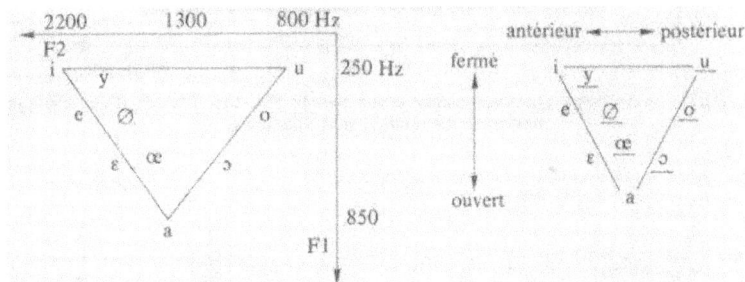

FIGURE A.5 – *Triangle vocalique de HELLWAG*

Il est commode de représenter une voyelle sur un plan (F1, F2). Si l'orientation des axes est celle de la figure A.5, les voyelles "extrêmes" [i], [a], [u] sont disposées aux extrémités du triangle vocalique. Ce triangle articulatoire représente très grossièrement la position moyenne de la langue dans la cavité buccale selon deux axes nommés "antérieur-postérieur" et "ouvert-fermé", selon que la langue est massée en avant et vers la zone dentale pour [i], basée et étalée loin du palais pour le [a](ouvert), ou massé postérieurement vers le voile pour le [u].

On peut donc interpréter une augmentation de F1 comme le résultat d'une ouverture articulatoire et une augmentation de F2 comme une antériorisation de l'articulation. Pour les voyelles antérieures, un accroissement de la labialisation (arrondissement des lèvres) se traduit par une baisse de F2 et de F3, à articulation linguale constante. La chute de F3 est un indice moins ambigu car elle n'est pas liée à une éventuelle postériorisation de l'articulation. Pour les voyelles postérieures, qui sont labialisées en francais [u], [C], [o], on observe la même chute de F3.

Cette représentation dans le plan (F1, F2) utilise une échelle logarith-
mique pour les axes F1 et F2. On utilise souvent l'échelle de "bark",
ou échelle de bande critique avec l'espoir qu'elle correspond mieux aux
distances subjectives perçues entre deux fréquences (Scharf 1970). La
valeur z en bark est donnée par :

$$z = (26.81 - F)/(1960 + F) - 0.53 \text{ avec F en KHz.}$$

A.5 Systèmes et Outils utilisés

A.5.1 Audacity

Audacity [1] est un puissant éditeur audio gratuit qui permet d'effectuer de nombreuses opérations de traitement sur les fichiers sonores :

– Enregistrement des fichiers sons.
– Numérisation des fichiers sonores.
– Édition des fichiers audio, Ogg, Vorbis, MP3 et WAV.
– Traitement des fichiers : couper, copier, coller et assembler des extraits sonores.
– Modifier la vitesse et la hauteur d'un enregistrement.

A.5.2 Praat

Praat [2] est un outil d'analyse et de traitement du signal de parole, développé par Paul Boersma et David Weenink, du département de phonétique de l'Université d'Amsterdam (Boersma & Weenink 2001; 2010).

Praat est un outil très souple pour l'analyse acoustique. Il présente un éventail très vaste de fonctionnalités standard et non-standard, parmi lesquelles l'analyse spectrale, la synthèse articulatoire et les réseaux neuronaux.

---

1. http ://audacity.sourceforge.net/
2. http ://www.fon.hum.uva.nl/praat/

A.6 Système d'aide à l'analyse visuelle de la parole

A.6.1 Cahier de charge du système

a. Environnement d'implémentation

Le choix de Matlab a été motivé par le besoin d'un gestionnaire d'interfaces intégré avec les bibliothèques de traitement de signal et d'image. La version 7.0.1. de Matlab (Wang & Li 2006) a été utilisée. Son environnement de création d'interfaces graphiques (GUI Graphical User Interface) a été retenu pour implémenter notre système d'aide à l'interprétation visuelle de la parole.

MATLAB est un outil et ainsi un langage de programmation très utile pour les techniciens, les mathématiciens et les informaticiens. Il est utilisé dans différents domaines comme traitement de signal, analyse de données, acquisition de données en temps réel, réseaux de neurone, traitement d'image, et simulation.

MATLAB expose ses points forts dans le calcul des opérations sur des matrices complexes et dans le traitement des données de grandes tailles.

b. Nom du système

Notre prototype se nomme "**Système d'aide à l'analyse visuelle de la parole / Visual Assistance of Speech Processing VASP**" (voir fig.A.6).

FIGURE A.6 – *Page d'accueil : Nom du prototype*

c. Fonctionnalités

Les volets fonctionnels de notre système s'articulent autour des niveaux suivantsă :

- Chargement d'un fichier son. Les formats autorisés sontă : wav, aiff, aif, mat,
- Enregistrement d'une séquence sous format wav,
- Affichage du signal dans le domaine temporel (oscillogramme),
- Normalisation de l'oscillogramme par rapport à la fenêtre d'affichage et possibilité d'écouter le son.
- Manipulation de l'échantillon à analyser directement sur l'oscillogramme,
- Choix des paramètres de calcul et d'affichage (taille et type de la fenêtre, paramètre LPC, pas de recouvrement, bornes de la bande de fréquence et de temps).
- Représentations visuelles dans le domaine fréquentiel du spectre à court terme et de la courbe LPC (ou enveloppe spectrale)
- Représentations visuelles dans le domaine temps-fréquence ădes spectrogrammes à bande large, à bande étroite, calcul cepstral, prédiction linéaire et spectrogramme à multi-résolution,
- Représentations visuelles dans le domaine temps-fréquence : Spectrogrammes, Gammatone, DCT, Transformation Wigner-Ville, Réassignement spectral,

– Manipulation et enregistrement des représentations visuelles (lissage, contour, mise en forme),
– Extraction des caractéristiques,
– Outils d'aide à l'interprétationă ; base de règles de décisions, préclassification,
– Étude de l'influence des langues arabe et français sur le dialecte tunisien,

A.6.2   Interfaces graphiques

La page de démarrage de notre système (voir fig. A.7 et fig. A.8)ăse compose d'un menu, d'un toolbar graphique, de deux figures et d'une manette de réglage des paramètres d'entrées.

Nous avons gardé le menu de Matlab afin de profiter de ses propriétés. Nous avons inséré un nouveau menu adapté à nos besoins A.9).

La commande **Fichier** ouvre un sous menu composé lui-même de plusieurs commandes A.10) :

– *enregistrer son*ă permet d'enregistrer une séquence sous format wav. Le locuteur peut choisir la fréquence d'échantillonnage et le type d'enregistrement (mono/stéréo),
– *enregistrer figure*ă permet d'enregistrer la figure courante,
– *ouvrir* permet de charger un fichier son sous les formats wav,ăăaiff, aif et ămat.

La commande ă**Représentations Temps-fréquence** ăoffre la possibilité de choisir un type de représentation dans le domaine temps/fréquence parmi la liste suivante (voir fig. A.11) : Spectrogramme (voir fig. A.12), Spectrogramme à multirésolution (voir fig. A.15), Gammatone (voir fig. A.16), DCT (voir fig.A.17), Transformation Wigner-Ville et Réassignement spectral (voir fig. A.11).

Une manette de réglage des paramètres d'entrées a été créée. Elle est composée de deux boutonsă(voir fig. A.8) :

– *Ecouter* permet de lire le fichier son,

– *Normaliser* permet la normalisation de l'oscillogramme par rapport à la fenêtre d'affichage,

Le toolbar graphique est composé de deux listes de choixă ;ă la taille de la fenêtre (par défaut 512 échantillons) et le type de la fenêtre (par défaut fenêtre de Hann) et d'un module d'insertion de paramètre LPC (par défaut LPC=16).

La première fenêtre d'affichage visualise l'oscillogramme qui est l'évolution du signal en fonction du temps. Il est possible de sélectionner l'échantillon à analyser directement sur l'oscillogramme (voir fig. A.13).

La deuxième fenêtre visualise le spectre à court terme et la courbe LPC de la partie sélectionnée sur l'oscillogramme. Il est possible d'extraire les caractéristiques visuelles directement et manuellement sur la courbe (voir fig. A.13).

La commande **spectrogramme** permet d'ouvrir une deuxième fenêtre (voir fig. A.12). Elle se compose d'un menu, d'un toolbar graphique, de deux figures et d'une manette de réglage des paramètres d'entrées.

Comme précédemment nous avons gardé le menu de Matlab et inséré des nouvelles commandesă ;
– la commande *Edition* permet de manipuler l'image :
– *contraste*ă : réglage de contraste.
– *sélectionner de l'image*ă : sélectionner une partie de l'image (voir fig. A.14).
– *Sonagramme*ă : calcule, affiche et analyse les sonagrammes selon plusieurs méthodesă :ăbande large/bande étroite,ăprédiction linéaire,ăcalcul cepstral (voir fig. A.22).

- *lissage*ă(voir fig. A.18).
- *détection de contours*ă(voir fig. A.20) : détecte les contours et les zones d'énergies (voir fig. A.19).
- *Analyse visuelle* : extraction des caractéristiques et proposition de classification des phonèmes sélectionnés.

Le toolbar graphique est composé de trois listes de choix le pas de recouvrement, la taille et le type de la fenêtre. Aussi nous avons intégré des modules d'insertions du paramètre LPC et des bornes de la bande de fréquence et de temps. Il y a possibilité d'extraire et de manipuler l'échantillon à analyser directement sur la représentation visuelle dans le domaine temps-fréquence A.22).

La figure A.23 illustre un exemple de détection des formants de la voyelle /é/ (voir fig. A.24). La fenêtre du bas représente la partie d'analyse et d'extraction des formants. Elle visualise les zones de présence d'énergies. La fenêtre (voir fig. A.25)ădu haut à droite représente l'évolution des formants en 3Dă(Vallee1992). La fenêtre du haut à gauche représente l'évolution des formants du signal sélectionné. La fenêtre du haut au milieu représente l'évolution des formants des 4 voyelles orales (/i/, /e/, /é/, /a/) sélectionnées de la base d'apprentissage.

La figure A.26 présente la suite de l'analyse de l'exemple de détection des formants. La fenêtre du basă décrit l'extraction des formants et visualise les zones d'énergies. La fenêtre du haut à droiteăreprésente l'évolution des formants en 3D. La fenêtre à gauche représente l'évolution des rapports des formants du signal sélectionné et celle du centre l'évolution des rapports des formants des 4 voyelles orales (/i/, /e/, /é/, /a/) sélectionnées de la base d'apprentissage.

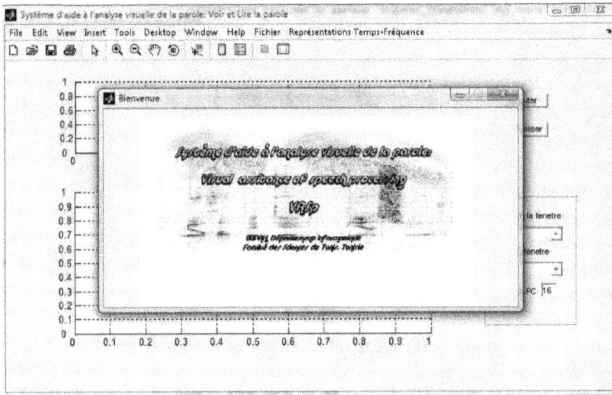

FIGURE A.7 – *Page d'accueil*

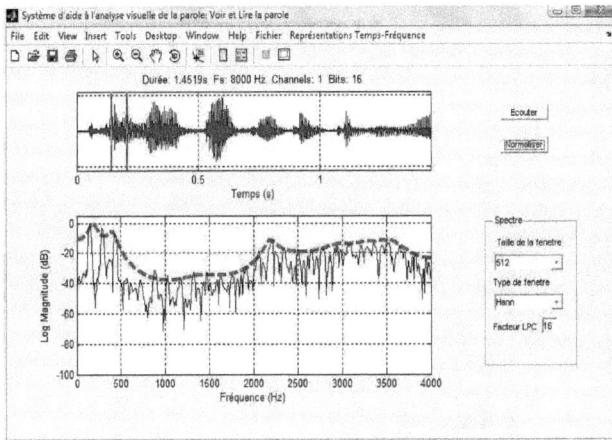

FIGURE A.8 – *Première interface ; oscillogramme, spectre á court terme et courbe LPC*

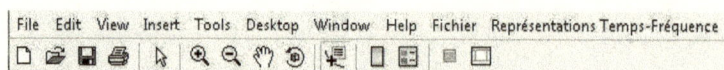

FIGURE A.9 – *Menu de la première interface du logiciel VASP*

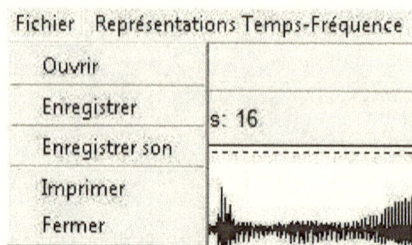

FIGURE A.10 – *Sous menu de la première interface ; fonctions ouvrir, enregistrer, enregistrer son, imprimer*

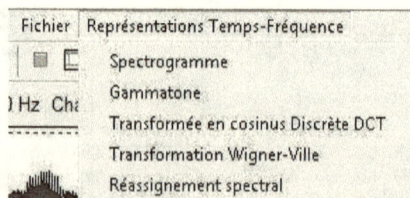

FIGURE A.11 – *Sous menu ; les différentes représentations visuelles réalisées par VASP*

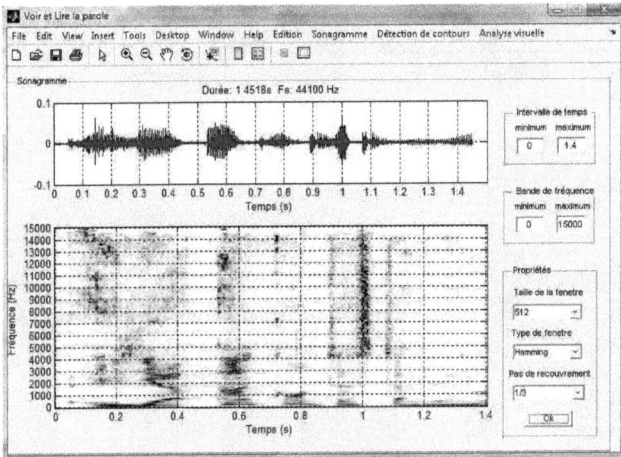

FigurE A.12 – *Interface de Spectrogramme*

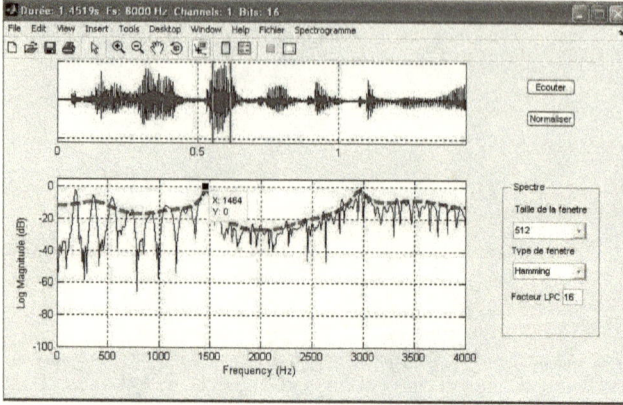

FIGURE A.13 – *Exemple d'extraction des caractéristiques directement sur l'image*

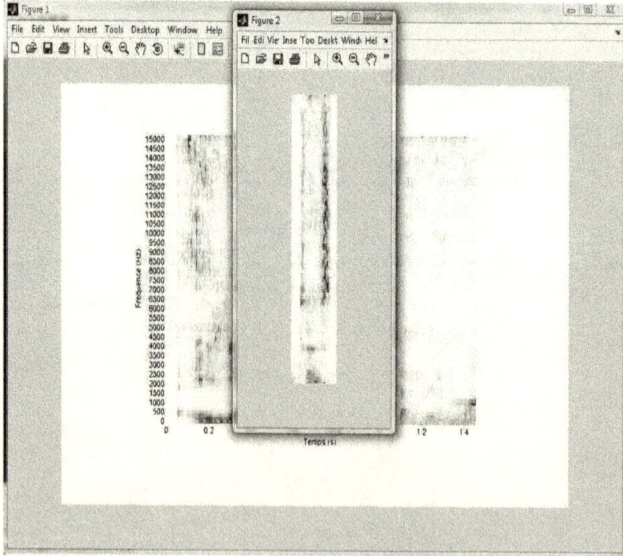

FIGURE A.14 – *Sélection d'une partie du spectrogramme*

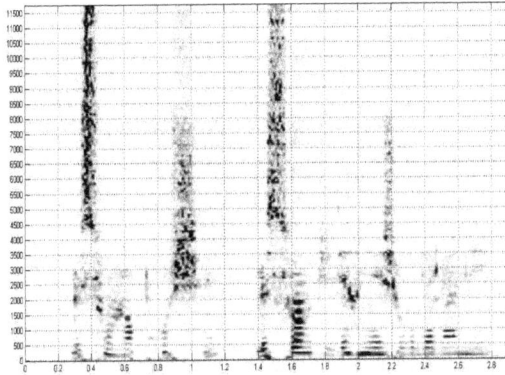

FIGURE A.15 – *Spectrogramme à multi-résolution : fenêtre de Hamming (512/256/128 éch, Bfreq [0-4KHz, 4-8KHz, 8-15KHz], pas 1/2)*

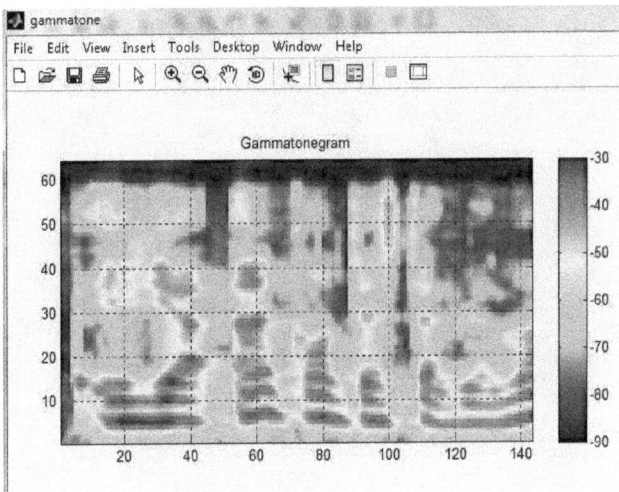

FIGURE A.16 – *Interface gammatone*

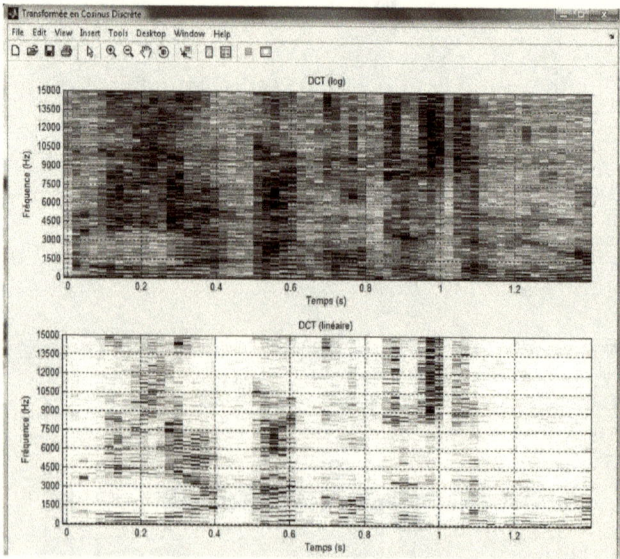

Transformée en Cosinus Discrète
File Edit View Insert Tools Desktop Window Help

FIGURE A.17 – *Interface DCT*

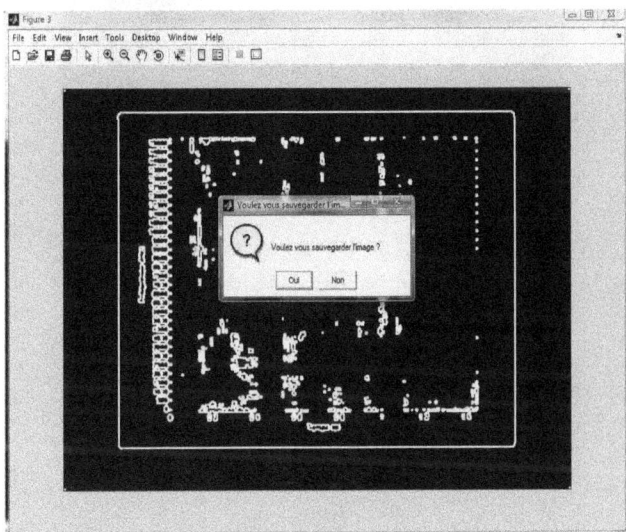

FIGURE A.18 – *Interface filtre median pour la détection des contours*

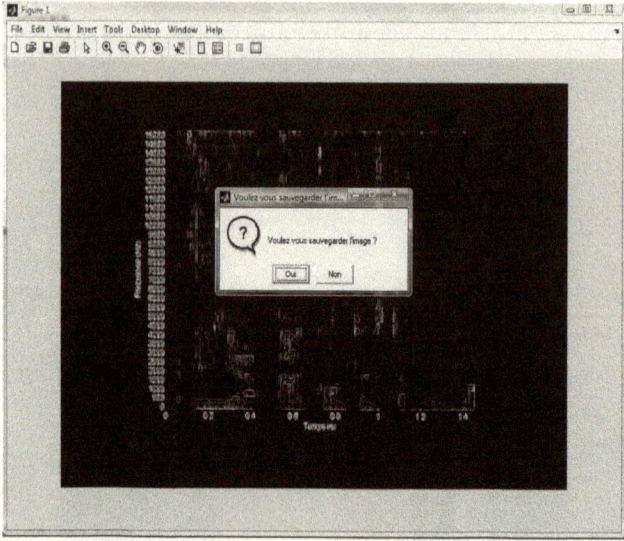

FIGURE A.19 – *Interface gradient pour la dÃltection des contours*

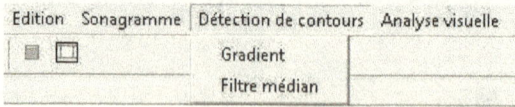

FIGURE A.20 – *Sous menu de l'interface Spectrogramme ; les méthodes de détection des contours*

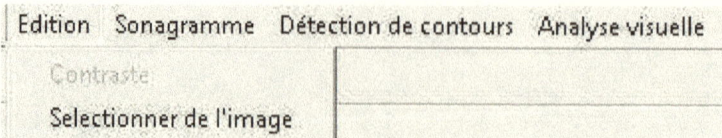

FIGURE A.21 – *Sous menu de l'interface Spectrogramme*

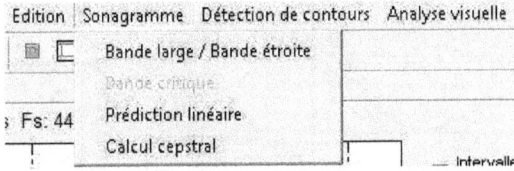

FIGURE A.22 – *Sous menu de l'interface Spectrogramme ; les méthodes de calcul du sonagramme*

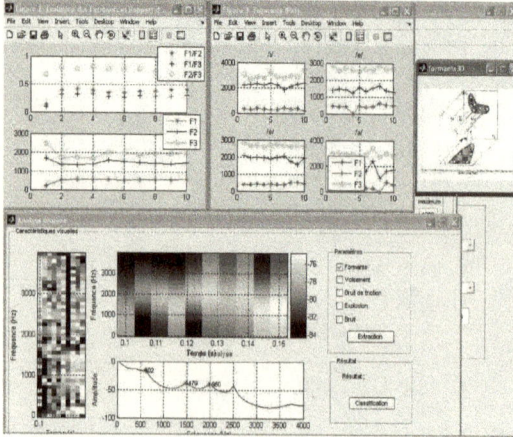

FIGURE A.23 – *Exemple de détection des formants de la voyelle /é/*

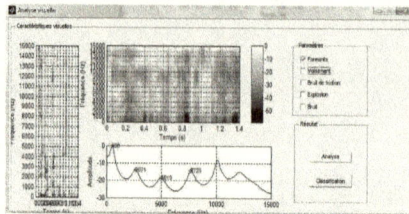

FIGURE A.24 – *Interface de Analyse visuelle*

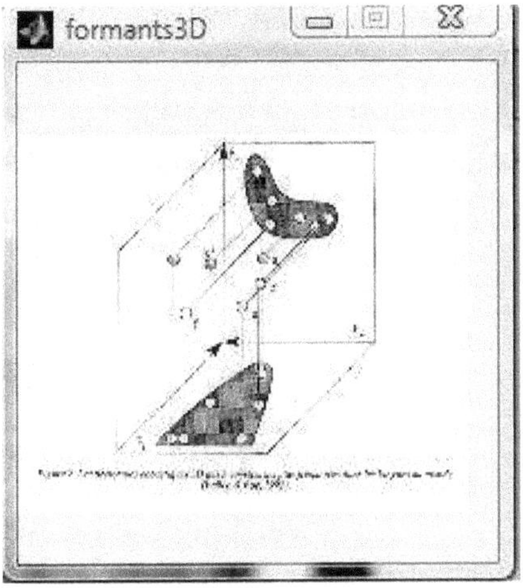

FIGURE A.25 – *Aide mémoire pour les formants*

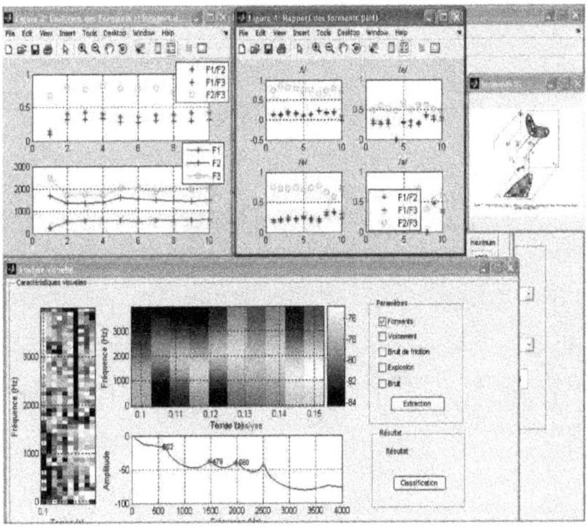

FIGURE A.26 – *Exemple 2 de détection des formants de la voyelle /é/*

A.7　Tableau de X-SAMPA de l'Arabe

– *Les Semi-Consonnes ou Semi-Voyelles de l'arabe*

Lettre	X-SAMPA
ا	$/A:/$
ا	$/E/$
و	$/u:/$
و	$/U:/$
ي	$/i:/$
ي	$/I/$

– *Les Voyelles de l'arabe*

Lettre	X-SAMPA
بَ	$/ba/$
بُ	$/bu/$
بِ	$/bi/$

A.8　Le système phonétique "*tunisien*"

Le dialecte tunisien DT est une langue mixte puisque c'est un mélange de plusieurs langues ; arabe, berbère, français, italien, anglais, turc, grec, latin et espagnol. Le tableau A.4 illustre quelques exemples de mots en tunisien et leurs origines.

TABLE A.3 – *Les Consonnes*

Lettre	X-SAMPA
ء	/?/
ب	/b/
ت	/t/
ث	/T/
ج	/dZ/
ح	/X\/
خ	/x/
د	/d/
ذ	/D/
ر	/r/
ز	/z/
س	/s/
ش	/S/
ص	/s?\/
ض	/d?\/
ط	/t?\/
ظ	/D?\/
ع	/?\/
غ	/G/
ف	/f/
ق	/q/
ك	/k/
ل	/l/
م	/m/
ن	/n/
ه	/h/

TABLE A.4 – *Origine de quelques exemples de mots en tunisien*

Mot en tunisien	prononciation	sens en français	origine
اكْحِل	ak'hil	noir	arabe
كَلْب	kalb	chien	arabe
بِسكَلاَت	bisklêt	bicyclette	française
تَلفْزَة	talvza	télévision	française
فرِپ	frip	friperie	anglaise
كَار	car	autobus, car	anglaise
ترِنْو	trino	train	italienne
مَاكِنَة	mekina	machine	italienne
بَابُور	babour	navire	turque
قِنَّارِية	guennariya	artichaut	turque
مُوسِقَّي	mousiqa	musique	grecque
قَطُّوس	qattous	chat	latin

A.9 Tables d'identification des locuteurs

TABLE A.5 – *Identifiant des locuteurs, langue maternelle et âge (Karypidis 2010)*

ID	LANGUE	AGE
FR_F_1	Français	25
FR_F2	français	47
FR_F3	français	26
BRP_F1	portugais brésilien	27
FR_M1	français	26
FR_M1	français	26
IT_F1	italien	31
FR_M2	français	29
FR_F3	français	26
FR_F18	français	30
FR_M3	français	30
BRP_F2	portugais brésilien	27
AR_M1	arabe	32
FR_F19	français	25
RO_F1	roumain	26
CZ_F1	tchèque	26
FR_M4	français	27
AR_F1	arabe	30
FR_F6	français	30
FR_F7	français	27
PL_F1	polonais	35

Les caractéristiques de ce corpus sont :

– Nombre de locuteurs : dix-neuf, de diverses langues maternelles. La table A.5 présente des détails concernant les locuteurs. L'identifiant de chaque auditeur est encodé de la façon suivante : "code de la langue" + "sexe" (F= femme, M= homme) + "numéro de série".

– Tous les locuteurs habitent dans la région parisienne depuis plusieurs années.

– Le corpus est composé de logatomes bisyllabiques $CVCV$, où $C = [ptk]$ et $V = [ie]$. Au total, on a 12 logatomes : [pipi pipe pepi pepe], [titi tite teti tete] et [kiki kike keki keke].

– Il y a 40 items présentés dans le corpus - 4 mots × 10 répétitions par mot - de chacun des trois groupes de logatomes sous la forme d'une liste et en ordre aléatoire, mais identique pour tous les locuteurs. L'ordre des groupes a été [p]-[t]-[k]. Ce qui fait, au total, 120 mots par locuteur.

– Le débit de parole proposé a été d'un mot toutes les $2 - 2.5$ secondes. Les locuteurs pouvaient faire une pause quand ils le désiraient.

– Les enregistrements ont été effectué dans la chambre sourde de l'ILPGA.

– Matériels d'enregistrement : un micro AudioTechnica ATM8033 placé sur un pied de micro de table à 30 cm du locuteur. On a rapproché le micro pour certains locuteurs qui parlaient à voix basse. Un amplificateur de la table mixeur, a été utilisé, pour obtenir un signal plus fort. Ainsi qu'un écran anti-pop fixé devant le micro pour éviter toute saturation pour les consonnes occlusives.

A.10 Description du corpus $V_1V_2V_3$

Parmi les dix-neuf locuteurs du premier corpus $CVCV$, huit ont participé à l'enregistrement de ce deuxième corpus (Karypidis 2010). Certains n'ont pas mené la tâche jusqu'à son terme pour des raisons de temps. Ce corpus inclus vingt triphtongues $V_1V_2V_3$, où V_1 et V_2 sont des voyelles françaises, occupant des positions adjacentes dans l'espace acoustique. Il s'agissait de dix paires de voyelles dans les combinaisons $V_1V_2V_1$ et $V_2V_1V_2$ (voir tableau A.6).

TABLE A.6 – *Les vingt triphtongues du deuxième corpus (Karypidis 2010).*

$V_1V_2V_1$	i e i	i y i	u o u	u y u	ɛ a ɛ	C a C	e ø e	i e i	u e u	a e a
$V_2V_1V_2$	e i e	y i y	o u o	y u y	a ɛ a	a C a	ø e ø	e i e	e u e	e a e

Les locuteurs ont prononcé des occurrences consécutives de la même triphtongue toutes les $2 - 2.5$ secondes jusqu'à ce que quinze bonnes occurrences fussent adéquates. Le nombre d'occurrences nécessaires pour une séquence donnée a varié de 15 à 45 répétitions, en fonction de la complexité des logatomes (des séquences telles que [uyu] et [eøe] sont plus difficiles à articuler). L'ordre des séances a varié en fonction des difficultés des locuteurs. Les conditions externes ont été les mêmes que pour l'enregistrement des deux corpus.

More
Books!

yes

Oui, je veux morebooks!

i want morebooks!

Buy your books fast and straightforward online - at one of world's
fastest growing online book stores! Environmentally sound due to
Print-on-Demand technologies.

Buy your books online at
www.get-morebooks.com

Achetez vos livres en ligne, vite et bien, sur l'une des librairies en
ligne les plus performantes au monde!
En protégeant nos ressources et notre environnement grâce à
l'impression à la demande.

La librairie en ligne pour acheter plus vite
www.morebooks.fr

VDM Verlagsservicegesellschaft mbH
Heinrich-Böcking-Str. 6-8   Telefon: +49 681 3720 174   info@vdm-vsg.de
D - 66121 Saarbrücken   Telefax: +49 681 3720 1749   www.vdm-vsg.de

VDM Verlagsservice-
gesellschaft mbH

www.ingramcontent.com/pod-product-compliance
Lightning Source LLC
Chambersburg PA
CBHW021036210326
41598CB00016B/1039

* 9 7 8 3 8 3 8 1 4 0 8 8 9 *